L'AMBASSADRICE,

OPÉRA-COMIQUE EN TROIS ACTES,

Paroles de MM. Scribe et de Saint-Georges,

MUSIQUE DE M. AUBER,

REPRÉSENTÉ POUR LA PREMIÈRE FOIS, A PARIS, SUR LE THÉATRE DE L'OPÉRA-COMIQUE, LE 21 DÉCEMBRE 1836.

PERSONNAGES.	ACTEURS.	PERSONNAGES.	ACTEURS.
LE DUC DE VALBERG....	M. MOREAU-SAINTI.	Mme BARNECK, ancienne duègne, tante d'Henriette.	Mme BOULANGER.
LA COMTESSE AUGUSTA DE FIERSCHEMBERG....	Mlle MOUSEL.	HENRIETTE, prima dona..	Mme DAMOREAU-CINTI
FORTUNATUS, entrepreneur de spectacles..........	M. ROY.	CHARLOTTE............	Mlle JENNY-COLON.
		BENEDICT, premier tenor...	M. COUDERC.

Le premier acte se passe à Munich, les deux autres à Berlin.

ACTE PREMIER.

Le théâtre représente une chambre fort simplement meublée, porte au fond, deux portes latérales. Une croisée au second plan, à droite; à gauche, une table et ce qu'il faut pour repasser.

SCENE PREMIERE.

Mme BARNEK, *seule.*

Au lever du rideau, elle est assise à droite, regardant plusieurs lettres qu'elle tient à la main.

INTRODUCTION.

Mme BARNEK.

Moi qui surveille de ma nièce
Et les talens et la jeunesse,
A ce beau papier satiné,
Facilement j'ai deviné
Billet d'amour et de tendresse...
En voilà-t-il! Lisons toujours
Et leurs soupirs et leurs amours!
(*Prenant ses lunettes.*)
J'ai peu de lecture et d'étude;
Mais j'ai du moins quelqu'habitude...
Et de mon temps le sentiment
Se lisait toujours couramment.
(*Elle décachète un billet qu'elle épèle avec peine.*)
O cantatrice enchanteresse!
Fauvette qui nous charme tous!..
(*S'interrompant.*)
C'est bien cela!.. c'est à ma nièce
Que s'adresse ce billet doux.

SCENE II.

Mme BARNEK, *occupée à lire,* HENRIETTE, *entrant par la porte à gauche, portant un réchaud et des fers à repasser.*

HENRIETTE.
Chansonnette.
PREMIER COUPLET.

Il était un vieux bonhomme
Aussi vieux que Barrabas,
Avec son habit vert-pomme
Et sa perruque à frimas.
Contant sa flamme amoureuse
A Nancy, la repasseuse,
Qui, fredonnant soir et matin,
Lui répétait pour tout refrain:
(*Elle repasse.*)
Repassez demain.

Mme BARNEK.
Que faites-vous donc, Henriette?

HENRIETTE.
Je viens repasser sans façon
Et mon rôle et ma collerette.

Mme BARNEK.
Cet air n'est pas dans votre rôle?

HENRIETTE.
...Eh non!
C'est une vieille chansonnette!

Mme BARNEK.
User sa voix à ces bêtises-là,
Lorsque l'on a l'honneur de chanter l'opéra!
HENRIETTE.
Raison de plus... ça me délassera!
DEUXIÈME COUPLET.
Je veux te plaire, et j'y compte;
Ce front qui paraît caduc,
Ma chère, est celui d'un comte...
Eh! fût-il celui d'un duc!
J'admire, mon gentilhomme,
Vous et votre habit vert-pomme;
Mais, hélas! mon cœur inhumain
N'est pas sensible ce matin,
(*Elle repasse.*)
Repassez demain.
Mme BARNEK, *avec impatience.*
Mais tais-toi donc! tais-toi, tu m'empêches de lire!
(*Lisant.*)
« Belle Henriette! je soupire,
» Je brûle d'un tendre martyre,
» Hélas! quand prendrez-vous enfin
» Pitié de mon cruel destin? »
HENRIETTE, *qui s'est mise devant la table, à repasser sa collerette.*
Tra, la, la, la, la...
Repassez demain, repassez demain.
Mme BARNEK, *ouvrant un autre billet.*
« Sans biens et sans richesses,
» Je n'ai que ce cœur qui gémit... »
(*S'interrompant.*)
Mon Dieu! comme c'est mal écrit!
(*Lisant.*)
« Mais je vous offre, ma déesse,
» D'un baron le titre et la main. »
HENRIETTE, *de même.*
Tra, la, la, repassez demain de bon matin.
(*A Mme Barnech.*)
Que lisez-vous?
Mme BARNEK.
Des billets doux.
Écoute bien!
HENRIETTE.
Je les connais d'avance:
Soupirs... amour... éternelle constance...
Voilà, voilà, comme ils sont tous!

ENSEMBLE.
HENRIETTE.
Aussi, loin de croire
Leur style flatteur,
Mon art fait ma gloire
Et mon seul bonheur!
Travail et folie,
Succès et gaîté,
Voilà de ma vie
La félicité!
Mme BARNEK.
Hélas! loin de croire
Mon âge et mon cœur,
Une vaine gloire
Fait son seul bonheur!
Misère et folie,
Chansons et gaîté,
Voilà de sa vie
La félicité!

Mme BARNEK, *qui a parcouru un dernier billet.*
Écoute, écoute cependant,
Voici quelqu'un de sage et de prudent!
« A vos pieds j'offre, mon enfant,
» Quarante mille écus de rente!
» A votre respectable tante
» Je prétends assurer un sort! »
C'est du vieux comte de Montfort!..

HENRIETTE, *sans lui répondre, et reprenant sa chansonnette.*
Il était un vieux bonhomme,
Aussi vieux que Barrabas,
Avec son habit vert-pomme
Et sa perruque à frimas...
Mme BARNEK.
Quoi! cette lettre intéressante...
HENRIETTE.
Tra, la, la, la, la...
Mme BARNEK.
Cette lettre si pressante...
HENRIETTE, *la prenant, ainsi que les autres, et les jetant dans le fourneau.*
Tenez! voilà ce que j'en fais:
Cela ne vaut pas un succès.

ENSEMBLE.
HENRIETTE.
Aussi, loin de croire
Leur style flatteur,
Mon art fait ma gloire
Et mon seul bonheur,
Travail et folie,
Chansons et gaîté,
Voilà de ma vie
La félicité!
Mme BARNEK.
Hélas! loin de croire
Mon âge et mon cœur,
Une vaine gloire
Fait son seul bonheur
Misère et folie,
Chansons et gaîté,
Voilà de sa vie
La félicité!

Mme BARNEK. Avoir brûlé un pareil billet!.. voilà les fruits de l'excellente éducation que je vous ai donnée.

HENRIETTE, *souriant.* Que vous avez tout au plus continuée, ma tante... car sans la mort de ma bonne marraine, cette femme si noble, si distinguée, qui m'a élevée, je ne serais peut-être jamais entrée au théâtre..... mais je me trouvai alors sans appui... sans fortune... vous m'avez recueillie!.. (*Lui tendant la main avec affection.*) et je ne l'oublierai jamais!...

Mme BARNEK. Ma nièce... vous m'attendrissez!.. mais qui vient là?..

SCENE III.
LES MÊMES, CHARLOTTE.

HENRIETTE. Ah! c'est Charlotte.
Mme BARNEK. La jolie chanteuse.
HENRIETTE. Et ma meilleure amie.
Mme BARNEK. La plus mauvaise langue du foyer.
CHARLOTTE. Bonjour, Henriette; bonjour, madame Barnek... mon Dieu! qu'elle est grande, cette maudite ville de Munich... je n'en puis plus!... avec ça que vous demeurez si haut, madame Barnek.
Mme BARNEK. Un étage de moins que vous, mademoiselle, pas davantage.
CHARLOTTE. Au fait, c'est possible, je

ne compte pas avec mes amis ! A propos, Henriette... j'avais à te parler.
HENRIETTE. Sur quoi donc?
CHARLOTTE, *de même*. A toi, à toi seule.
HENRIETTE. Oh! ne te gêne pas avec ma tante, je lui dis tout.
CHARLOTTE. Eh bien! ma chère, comme e suis ton amie, et que toutes deux nous enons à notre réputation, parce que la réutation avant tout! je venais te prévenir u'il court des bruits sur ton compte.
HENRIETTE. Et qu'est-ce qu'on peut dire?
CHARLOTTE. Ah! d'abord on dit toujours, même quand il n'y a rien... à plus forte raison...
HENRIETTE. Et qu'est-ce qu'il y a donc?
CHARLOTTE. Ce qu'il y a!...

PREMIER COUPLET.

Il est, dit-on, un beau jeune homme
Qui, de très-près, lui fait la cour,
J'ignore comment on le nomme;
Mais pour elle il se meurt d'amour.
   Voilà ce qu'on dit.
   Ce que l'on dit, car...
Dans tous nos foyers, on est si bavard;
   Chacun y médit
   Du matin au soir
Sur les amoureux que l'on peut avoir.
   Là, c'est un amant
   Que l'une vous donne;
   Là, c'est un amant
   Que l'autre vous prend.
Leurs discours méchans n'épargnent personne,
Moi-même j'en suis victime souvent.
   Aussi, moi je hais
   Les moindres caquets,
   Et, je le promets,
   Je n'en fais jamais.

DEUXIÈME COUPLET.

Absent sitôt qu'elle est absente,
Pour l'admirer il vient exprès.
Il l'applaudit quand elle chante,
Et lui jette après des bouquets...
   Voilà ce qu'on dit,
   Ce que l'on dit, car
Dans tous nos foyers on est si bavard, etc., etc.

Mme BARNEK. Eh bien! quand ce serait vrai... c'est un homme qui aime la musique... un amateur désintéressé.
CHARLOTTE. Désintéressé?.. Hier encore, il a demandé l'adresse d'Henriette à la portière du théâtre.
Mme BARNEK. Cela prouve qu'il n'est jamais venu ici.
CHARLOTTE. Mais qu'il veut y venir.
HENRIETTE. Où est le mal?.. c'est un ami,... il m'applaudit toujours, et cela me fait plaisir.
CHARLOTTE. Voilà comme on se compromet... car depuis hier il n'est question que de cela; d'où vient cet amateur?.. quel est-il? moi, je n'en sais rien... je ne l'ai pas vu... sans cela, je l'aurais signalé...

tant il y a, et je dois t'en prévenir, que ce pauvre Bénédict est furieux.
Mme BARNEK. Bénédict!
CHARLOTTE. Notre jeune premier... notre tenor qui est amoureux d'elle
Mme BARNEK. Amoureux!
HENRIETTE. Tais-toi donc.
CHARLOTTE, à Mme *Barnek, sans écouter Henriette*. C'est de droit.... le tenor est toujours amoureux de la première chanteuse.. c'est de l'emploi... et celui-là le remplit en conscience... il en perd le sommeil, il en perd l'esprit, il en perdrait la voix, s'il en avait jamais eu.
HENRIETTE. Est-elle méchante!
CHARLOTTE. Du tout.. car je le plains.. un gentil garçon, un bon camarade... que nous aimons toutes... et lui qui n'est pas bien avancé; toi qui n'as encore que deux mille florins d'appointemens... c'était bien, c'était un mariage sortable... car maintenant dans les arts, on épouse toujours, tant il y a de mœurs... il n'y a même plus que là où l'on en trouve... Aussi, tout le monde approuvait Henriette... et voilà qu'elle va s'amouracher d'un inconnu...
HENRIETTE. Moi!
CHARLOTTE. Laisse donc!
HENRIETTE. Je te l'assure.
CHARLOTTE. Mon Dieu! ma chère, c'est assez visible... je me connais en passion romanesque... moi-même, j'en ai inspiré une terrible.
HENRIETTE. Vraiment?
CHARLOTTE. Oui, un étranger de distinction, que j'ai rencontré quelquefois.
HENRIETTE. Il t'a parlé?
CHARLOTTE. Jamais... Et ma réputation! mais il me regardait avec des yeux... ah! ma chère, quels yeux! puis tout-à-coup, je ne l'ai plus revu... mon indifférence l'aura guéri de son amour.. Il en est peut-être mort! Ainsi, tu vois, je suis franche, et tu ferais bien de l'être avec moi qui suis ta meilleure amie.
Mme BARNEK. Par exemple!
CHARLOTTE. Oui, madame, oui, je l'aime... quoiqu'elle ait du talent, parce qu'elle n'est ni méchante, ni intrigante comme les autres... et moi, tant qu'on ne m'enlève pas mes adorateurs ou mes rôles, je suis la bonté et la douceur en personne.
HENRIETTE, *souriant*. C'est trop juste.
CHARLOTTE. N'est-il pas vrai?.. et, pour te le prouver... nous avons ce soir, entre amis, entre camarades, une petite fête, une réunion, qui ne peut avoir lieu sans toi... et je viens t'inviter.

HENRIETTE. Ça ne se peut pas... nous donnons une pièce nouvelle.

CHARLOTTE. N'est-ce que cela? j'ai fait dire à Bénédict d'être enrhumé... il me l'a promis... il est si bon enfant!.. de sorte qu'il y a relâche... et rien ne nous empêchera de nous amuser.

HENRIETTE. C'est très-mal.

CHARLOTTE. Tiens! ce scrupule!

Mme BARNEK, *écoutant au fond.* Silence, mesdemoiselles... j'entends une voiture... c'est celle de notre directeur, M. Fortunatus, pour le renouvellement de l'engagement d'Henriette.

CHARLOTTE, *à Henriette.* Ah! tu renouvelles?.. à de belles conditions au moins?

HENRIETTE. Je n'en sais rien... je ne me mêle jamais de ça.

Mme BARNEK, *à Charlotte.* C'est moi que ça regarde, mademoiselle: les engagemens sont de la compétence des grands parens... quant aux conditions, ça sera magnifique, surtout après notre succès d'hier au soir.

CHARLOTTE, *riant.* Ah! oui! les couronnes!.. je les avais vu faire le matin.

Mme BARNEK, *piquée.* Ça prouve qu'on ne doutait pas du succès du soir.

CHARLOTTE. Comment donc? la veille d'un engagement, est-ce qu'on doute jamais de ça? A propos, madame Barnek, dites donc à votre petit cousin de ne pas redemander Henriette si fort... on n'entendait que lui hier au soir au parterre...

Mme BARNEK. Mademoiselle, mon cousin fait ce qu'il veut... je ne m'en mêle pas. (*Allant écouter à la fenêtre.*) Voici notre directeur, laissez-nous, mesdemoiselles; laissez-nous.

HENRIETTE. A la bonne heure... je vais m'occuper de mon costume.

CHARLOTTE. Je t'y aiderai... tout en causant du bel inconnu, sans oublier ce pauvre Bénédict.

(*Elles rentrent dans la chambre à droite, sur la ritournelle de l'air suivant.*)

Mme BARNEK. Voilà M. le directeur... Eh bien! ce réchaud qu'elles ont oublié... de quoi ça a-t-il l'air ici... comme c'est rangé!.. ah! et notre engagement? qu'est-ce que j'en ai fait... il doit être là-dedans, courons le chercher.

(*Elle sort en emportant le réchaud.*)

SCÈNE IV.
FORTUNATUS, *entrant.*

FORTUNATUS.
AIR.

Che guesto que mon destin est beau!
Oun director comme moi
Est un sultan, est un petit roi
Qui soumet tout à sa loi.
Bravo son contento!
Richesse, honor,
Voilà le sort
D'un adroit director.
Plus d'un seigneur, plus d'une altesse,
En cachette chez moi viendra
Afin de placer sa maîtresse
Dans les nymphes de l'Opéra.
Tel ambassadeur m'est propice,
Tel autre me prône toujours,
Afin d'avoir dans la coulisse
Accès auprès de ses amours.
Là, c'est une mère, une tante
Humble, qui vient se prosterner.
Et là, c'est un vrai dilettante
Qui vient m'inviter à dîner;
Pour débuter, beauté novice
Vient chez moi; quels doux attributs!
C'est toujours à mon bénéfice
Que se font les premiers débuts.
Che guesto, que mon destin est beau!
Oun director, etc., etc.

Il n'est point de chance fâcheuse
Pour les habiles directors.
Signor, la première chanteuse,
A sa migraine et ses vapors;
Vite j'achète un cachemire,
Ou d'un diamant je fais choix,
Aussitôt la migraine expire,
Armide a retrouvé sa voix.
Chaque matin, chez moi j'ordonne
Les bravos, les vers et les bis,
Et même jusqu'à la couronne
Qui doit tomber du paradis.
J'entoure de mes soins fidèles
Les amateurs influens,
Toutes mes pièces sont belles,
Tous mes acteurs sont excellens,
Che guesto, que mon destin est beau! etc.

SCÈNE V.
Mme BARNEK, FORTUNATUS.

Mme BARNEK, *entrant après l'air.* Pardon, monsieur, de vous avoir fait attendre si long-temps, je ne pouvais pas trouver cet engagement. (*A part.*) Il était dans mon carton à bonnets.

FORTUNATUS, *à Mme Barnek.* Bonjour, ma zère madame Barnek... comment va votre charmante nièce?..

Mme BARNEK. Très-bien, monsieur Fortunatus, nous sommes même très en voix ce matin.

FORTUNATUS. Tant mieux!.. car nous zouons ce soir notre opéra nouveau, le Sultan Mizapouf!.. si Dieu et les rhumes de cerveau le permettent!

Mme BARNEK. Vous donnez donc tous les jours des nouveautés?

FORTUNATUS. Il le faut bien, nous ne sommes point ici à Munich, comme à Paris! où le public italien il est toujours content et crie brava avant que la toile se lève; mais ici... les Allemands sont étonnaus... ils n'aiment pas qu'on se moque d'eux! et si ze ne leur donnais pas ce soir le Sultan Mizapouf, qu'ils attendent depuis un mois.. ils me zetteraient les contrebasses à la tête.

Mme BARNEK. Mais cela pourra bien vous arriver... car on dit que Bénédict ne peut pas parler.

FORTUNATUS. Bah! le zèle, il n'est zamais enrhoumé. Ze viens de le voir, ce cher ami, il était chez lui... à dézeuner avec des cotelettes et une bouteille de Bordeaux... Z'ai zeté la bouteille par la fenêtre et ze loui ai fait prendre devant moi deux verres de tizane.

Mme BARNEK, *riant à part.* Pauvre garçon, lui qui se porte à merveille!

FORTUNATUS. Il m'a même promis de venir ici répéter son duo avec votre zère nièce, mia diva, mia carissima prima dona...

Mme BARNEK. Certainement, ma nièce est tout ça, comme vous dites... elle est meme déjà très *célébra!* mais voilà son engagement qui expire... heureusement pour nous... Deux mille florins!... et nous déclarons que nous en voulons huit mille.... ou nous allons chanter ailleurs...

FORTUNATUS. Cette bonne madame Barnek, elle a la tête vive... elle veut me quitter... moi, son ancien ami... car ze souis un ancien ami... vi l'avez oublié, ingrate que vous êtes!...

Mme BARNEK. Il ne s'agit pas de ça, mais de l'engagement de ma nièce; il nous faut huit mille florins.

FORTUNATUS, *avec terreur.* Huit mille florins!.. allons, allons, ma zère amie, pas d'exagération... il ne s'agit pas ici de folie... ce sont des affaires qu'il faut traiter de sang-froid et avec raison...

Mme BARNEK. Eh bien! monsieur, huit mille florins, c'est raisonnable.

FORTUNATUS. Mais sonzez donc qu'elle ne savait pas chanter quand ze l'ai engagée!... c'est moi qui loui ai fait acquérir son talent... à ce compte-là, c'est elle qui me devrait quelque chose... mais ze souis zénéreux!.. ze ne réclame rien.

Mme BARNEK. Huit mille florins!... c'est notre dernier mot, ou nous ne chantons pas ce soir!

FORTUNATUS. Allons, allons, ne nous fâchons pas... je me résigne. (*A part.*) Elle est insupportable!.. on devrait bien, dans les arts, supprimer les mères... et les tantes!

SCÈNE VI.

FORTUNATUS, *à la table, écrivant.* BÉNÉDICT, *paraissant à la porte du fond, tenant dans ses bras une corbeille de fleurs. A droite,* Mme BARNEK.

BÉNÉDICT. Me voilà!
Mme BARNEK. C'est Bénédict.
FORTUNATUS. Il est de parole!
BÉNÉDICT. Moi-même... avec un jardin tout entier; c'est là, j'espère, un joli cadeau.

Mme BARNEK. Qui vient de vous?..
BÉNÉDICT. Non pas!.. c'était à votre adresse chez la portière... je lui ai proposé de vous le monter... et cela vient sans doute de notre galant directeur..

FORTUNATUS. Moi! du tout!. c'est de quelque adorateur de la belle Henriette...
Mme BARNEK, *avec indignation.* Un adorateur!..

BÉNÉDICT, *posant la corbeille sur la table où écrit Fortunatus.* Et moi qui l'ai apportée... qui l'ai montée dans mes bras pendant quatre étages!

Mme BARNEK, *de même.* Un adorateur!.. je voudrais bien voir cela.

FORTUNATUS. Perdié!.. il ne tient qu'à vous... car ze vois une lettre parmi les roses.

BÉNÉDICT, *avec colère, et voulant la prendre.* Une lettre!

Mme BARNEK, *le retenant.* Cela me regarde... à chacun ses attributions.

BÉNÉDICT, *regardant le billet qu'elle ouvre.* Un billet doux!.. et c'est moi qui en étais le facteur.

FORTUNATUS, *continuant à écrire.* Il est touzours bon enfant.

Mme BARNEK, *lisant avec peine.* « J'ai vu, » madame, votre charmante nièce... »
BÉNÉDICT. Quelle trahison!

Mme BARNEK, *lisant.* « Et, chargé par le » directeur de Londres, de lui offrir la va- » leur de quarante mille florins d'appoin- » temens... »

FORTUNATUS, *qui écoute.* O ciel!
Mme BARNEK, *continuant à lire.* « Je vous » demande la permission de me présenter » aujourd'hui chez vous, sur les trois heu- » res, pour terminer cette affaire... » Est-il possible!.. Signé: « Sir Blake. »

FORTUNATUS, *se levant et lui présentant un papier à signer.* Z'ai fait tout ce que vi voulez..., et vi n'avez plus qu'à signer.

Mme BARNEK, *avec dédain.* Comment, mon cher, un engagement de huit mille florins!

FORTUNATUS. Et de plus... j'y joindrai pour vous tous les jours deux amphithéâtres des troisièmes; il faut bien s'immoler, perché c'était votre dernier mot.

Mme BARNEK. Ce n'est plus maintenant.. Il m'en faut quarante... on me les offre... voyez plutôt.

FORTUNATUS, *avec embarras*. On vi les offre... en Angleterre... où tout est hors de prix!.. mais ici à Munich.

BÉNÉDICT, *à Fortunatus*. Vous laisseriez partir Henriette !... mais c'est l'idole du public... c'est elle qui fait la fortune de votre théâtre...

FORTUNATUS. Eh ! che diavolo, laissez-moi respirer.

BÉNÉDICT. Non, morbleu... vous signerez !

FORTUNATUS. Eh ! vous y mettez oune chaleur que vous allez vi érailler la voix et me faire manquer ma représentation de ce soir!

BÉNÉDICT. C'est ce qui arrivera, si vous ne signez pas!.. je m'enroue par désespoir.

FORTUNATUS, *avec fureur*. Ma ze zouis donc dans oune enfer ! c'est donc oune conzuration zénérale contre ma caisse?..

Mme BARNEK, *à Fortunatus*. Monsieur, votre servante.

FORTUNATUS, *à madame Barnek qui veut sortir*. Eh bien ! elle s'en va... Ze vous demande au moins le temps de réfléchir avant de signer ma rouine.

Mme BARNEK. Je vais chez M. Bloum, notre homme d'affaires, et dans deux heures je vous attends ici !

(*Elle sort.*)

FORTUNATUS. O vecchia maledetta !.. si zamais tu t'engages pour jouer les douègnes... ze serai sans pitié à mon tour... ze vais voir... examiner... et s'il faut en finir rondement... tâcher encore de marchander. (*A Bénédict*.) Vous, mon zer ami, ze vous laisse... répétez toujours votre duo... songez à moi... et... surtout à notre recette de ce soir... ce sera touzours cela de sauvé.

(Il sort.)

SCÈNE VII.
BÉNÉDICT, *puis* HENRIETTE.

BÉNÉDICT. Il a beau dire, nous ne la laisserons pas partir... Je mettrais plutôt le feu au théâtre..... Je suis mauvaise tête, moi !.. sans que ça paraisse ! ah ! c'est elle.

HENRIETTE. Vous voilà, monsieur Bénédict, vous venez pour notre duo ?

BÉNÉDICT. Oui, mademoiselle.

HENRIETTE. Je vais appeler Charlotte qui est là... elle attache quelques pierreries à mon costume !

BÉNÉDICT. C'est inutile... nous n'avons pas besoin d'une troisième personne, puisque c'est un duo.

HENRIETTE. C'est égal... elle nous donnera des conseils... (*Poussant un cri*.) Ah! la jolie corbeille ! savez-vous d'où elle vient ?

BÉNÉDICT, *timidement*. C'est moi qui l'ai apportée.

HENRIETTE. Elle est charmante, Bénédict, et je vous en remercie.

BÉNÉDICT. Il n'y a pas de quoi..... au reste, c'est à qui cherchera à vous plaire... tout le monde vous admire, tout le monde est à vos pieds ! et vous en êtes ravie !

HENRIETTE. C'est vrai !.. je ne croyais pas que les succès, les hommages, cela dût faire autant de plaisir !.. C'est une si douce vie que celle d'artiste... une vie d'émotions auprès de laquelle toute autre existence doit paraître si triste et si monotone...

BÉNÉDICT. Oui, ça serait bien... s'il n'y avait que les couronnes et les bravos qu'on vous prodigue... mais ça ne s'arrête pas là...

HENRIETTE. Que voulez-vous dire?

BÉNÉDICT. Ce jeune homme dont on parlait hier au foyer... l'avez-vous remarqué?

HENRIETTE. Oui.

BÉNÉDICT, *tristement*. Je m'en doutais... c'est un milord... un grand seigneur.

HENRIETTE, *gaîment*. Je l'ignore... je ne me suis jamais fait ces demandes-là...

BÉNÉDICT. Et pourtant vous pensez à lui ?

HENRIETTE. Quelquefois.

BÉNÉDICT. Sans le connaître...

HENRIETTE. Ecoutez, Bénédict... à vous qui êtes mon ami... je dirai franchement ce que j'éprouve... malgré moi, le soir, je le cherche des yeux... et quand je ne le vois pas, la salle me semble vide.

BÉNÉDICT. C'est que vous l'aimez.

HENRIETTE. Non... mais c'est que quand il est là, au balcon, il me semble que je chante mieux... et puis, un applaudissement de lui me fait plus de plaisir que tout ceux de la salle entière.

BÉNÉDICT. Ah ! c'est de l'amour.

HENRIETTE. Eh bien ! je crois que vous vous trompez... je n'ai d'amour ni pour lui...

BÉNÉDICT, *avec joie*. Tant mieux!

HENRIETTE. Ni pour personne.

BÉNÉDICT, *tristement*. Tant pis.

HENRIETTE, *gaîment*. Je n'aime que le

théâtre, je n'aime que la musique, le bonheur et les applaudissemens qu'elle procure... et pour cela, monsieur (*souriant*) il faut penser pour ce soir à notre duo, que vous oubliez.

BÉNÉDICT. Vous croyez?..

HENRIETTE. Certainement... vous n'êtes venu ici que pour cela.

BÉNÉDICT. C'est juste... c'est que je ne suis plus en train de chanter.

DUO

HENRIETTE.
Et pourquoi donc?.. c'est la musique
Qui vous rendra votre enjouement.
BÉNÉDICT, *montrant son papier.*
Joliment!.. un rôle tragique.
HENRIETTE.
Tant mieux! c'est bien plus amusant.
Je suis la malheureuse esclave
Qui veut épouser le sultan,
Et vous, officier jeune et brave,
Et vous... vous êtes mon amant!
BÉNÉDICT, *vivement.*
Ah! c'est bien vrai!
HENRIETTE, *souriant.*
Dans le duo...
Allons, commençons le morceau.
(*Prenant son cahier de musique.*)
« Tous deux réduits à l'esclavage,
» Le sort a trahi nos amours,
» Du soudan la jalouse rage
» Veut nous séparer pour toujours. »
BÉNÉDICT, *l'écoutant chanter avec admiration.*
Ah! que c'est bien!...
HENRIETTE.
A vous, monsieur!
BÉNÉDICT, *prenant son cahier.*
« Quels destins sont les nôtres!
HENRIETTE, *de même.*
» je le jure ici par l'amour, »
BÉNÉDICT, *l'écoutant.*
Ah! bravo!
HENRIETTE, *de même.*
« Je ne serai jamais à d'autres! »
BÉNÉDICT, *vivement et s'approchant d'elle.*
Vous ne serez jamais à d'autres!
HENRIETTE, *souriant.*
Mais, monsieur!
(*Montrant le papier.*)
Que dites-vous là!
Cela n'est pas dans l'opéra!
BÉNÉDICT, *revenant à lui.*
C'est juste!.. où donc ai-je la tête?
HENRIETTE.
Allons, allons, disons la strette.
(*Tous deux prennent leur cahier et chantent sur un mouvement animé.*)
ENSEMBLE.
HENRIETTE.
« Tyran farouche,
» Quand ton œil louche
» S'adresse à moi,
» La mort cruelle,
» Qu'en vain j'appelle,
» Est bien plus belle
» Encore que toi.
» Monstre terrible!!!
» Monstre d'horreur!!!
» Ta vue horrible
» Glace mon cœur!!! »

BÉNÉDICT, *chantant à la fois et partant à part.*
(*Chantant.*)
« O sort funeste,
» O fier sultan,
» Je te déteste,
» Comme un tyran!
» Ta vue horrible,
» Glace mon cœur,
» Monstre terrible!!!
» Monstre d'horreur!!! »
(*Regardant Henriette.*)
Grâce nouvelle,
Orne ses traits,
Oh! qu'elle est belle!
Qu'elle a d'attraits!
HENRIETTE.
Mais, mon Dieu! que dites-vous là?
Tout ça n'est pas dans l'opéra!
BÉNÉDICT.
C'est que je regardais, hélas!
HENRIETTE.
Chantez, monsieur, et ne me regardez pas!
(*Reprenant le papier.*)
« Eh bien! que la mort nous rassemble!
BÉNÉDICT, *de même.*
» Que la mort nous rassemble!
HENRIETTE.
» Fuyons ainsi le déshonneur,
» Et si ma main hésite et tremble,
» Que la tienne perce mon cœur! »
BÉNÉDICT, *l'écoutant avec transport, et battant des mains.*
Brava! brava! comme on applaudira!
HENRIETTE, *souriant.*
Si vous applaudissez, monsieur, qui me tuera?
BÉNÉDICT.
Pardon.. pardon, c'est vrai, je suis là pour cela!

ENSEMBLE, *avec force.*

HENRIETTE.
« O sort funeste!
» O fier sultan!
» Je te déteste
» Comme un tyran!
» Ta vue horrible
» Glace mon cœur,
» Monstre terrible!!!
» Monstre d'horreur!!!
BÉNÉDICT, *à part.*
O bonheur même
Qui me ravit,
Hélas! je l'aime,
J'en perds l'esprit!
Grâce nouvelle
Orne ses traits,
Oh! qu'elle est belle!
Qu'elle a d'attraits!
BÉNÉDICT, *levant le poing.*
« Frappons! frappons!.. »
HENRIETTE, *voyant qu'il reste le bras levé.*
Qui peut arrêter votre bras?
Tuez-moi donc! et surtout en mesure!
BÉNÉDICT.
« Frappons...
(*S'arrêtant.*)
Eh bien. je ne peux pas,
C'est plus fort que moi, je le jure!
HENRIETTE.
Mais c'est pourtant dans l'opéra.
BÉNÉDICT, *lui montrant le papier.*
C'est vrai!.. mais aussi je vois là
Qu'entre ses bras d'abord elle se jette?
HENRIETTE.
A quoi bon?..

BÉNÉDICT.
Dam!.. quand on répète
il faut bien répéter

HENRIETTE.
On peut passer cela !
BÉNÉDICT, *lui montrant le papier.*
Ah ! c'est pourtant dans l'opéra !
HENRIETTE, *se jetant dans ses bras.*
« Eh ! bien donc, cher Oscar !
BÉNÉDICT.
» O ma chère Amanda !

ENSEMBLE.
BÉNÉDICT.
« Mon cœur bat et palpite ;
» Le trouble qui m'agite,
» Me ravit à la fois
» Et la force et la voix. »
Ah ! ce que je sens là,
Est-il dans l'opéra ?
« Délire qui m'entraîne,
» Mon cœur y résiste à peine,
» Et, quand la mort est prochaine,
» Pourrais-tu refuser
» Un baiser, un seul baiser?

HENRIETTE.
» Son cœur bat et palpite ;
» Le trouble qui l'agite,
» Lui ravit à la fois
» Et la force et la voix. »
(*Se dégageant de ses bras.*)
Prenez garde... cela
N'est pas dans l'opéra.
(*Voulant s'éloigner.*)
Monsieur !..
BÉNÉDICT, *la retenant.*
C'est dans l'opéra !

ENSEMBLE.

BÉNÉDICT *et* HENRIETTE.
« Mon } cœur bat et palpite,
« Son }
» Le trouble, etc., etc. »

A la fin de cet ensemble, Bénédict embrasse Henriette et tombe à ses genoux.)

SCENE VIII.

LES MÊMES, LE DUC, *entrant par la porte du fond avec* Mme BARNEK.

Mme BARNEK, *au duc.* Oui, monsieur, c'est ici... (*Apercevant Bénédict aux pieds d'Henriette.*) Ah ! mon Dieu !.. qu'est-ce que je vois ?

LE DUC, *s'avançant.* Mademoiselle Henriette ?

HENRIETTE, *à part, en l'apercevant.* C'est lui!.. (*Haut.*) Nous étions à répéter notre duo de l'opéra nouveau.

Mme BARNEK. Oui, monsieur, le sultan Misapouf, que nous donnons aujourd'hui.

BÉNÉDICT. Nous en étions à la scène du désespoir.

LE DUC, *riant.* La situation ne m'a cependant pas semblé des plus désespérées... (*à Henriette*) et cet amant à vos genoux..

HENRIETTE, *vivement.* C'est dans la scène.

LE DUC. Et ce baiser?

BÉNÉDICT. C'est dans la scène.

Mme BARNEK. Certainement, monsieur, c'est dans la scène ; nous ne nous permettons jamais de rien ajouter à nos rôles... nous ne sommes pas comme tant d'autres ; la scène avant tout.

HENRIETTE. Et celle-ci n'a même pas été trop bien.

BÉNÉDICT, *vivement.* Nous pouvons la recommencer.

Mme BARNEK. Pas dans ce moment.... j'ai rencontré, au troisième, monsieur qui s'était trompé d'étage, et qui demandait Mlle Henriette.

LE DUC. Ou plutôt Mme Barnek.

Mme BARNEK. C'est la même chose, et puisque vous venez, dites-vous, pour affaire...

LE DUC. Oh ! une affaire bien importante... pour moi du moins... Vous avez reçu ce matin une lettre où l'on propose à votre charmante nièce un engagement de quarante mille florins pour Londres?

HENRIETTE, *vivement, et avec étonnement.* Quarante mille florins !

Mme BARNEK. Oui, ma nièce, c'est à moi que vous devez ce bonheur-là.

BÉNÉDICT, *s'efforçant de sourire.* Certainement... c'est heureux... (*A part.*) Maudit homme ! de quoi se mêle-t-il ?

LE DUC. J'ai vu chaque soir Mlle Henriette au théâtre... je lui ai même parlé... quelquefois...

Mme BARNEK. Ah ! tu connais monsieur ?

HENRIETTE. Oui, ma tante.

BÉNÉDICT. Vous lui avez parlé ?

HENRIETTE. Le matin, en allant à la répétition.

BÉNÉDICT, *avec colère.* Il n'y a rien d'ennuyeux comme les répétitions.

LE DUC, *souriant.* Vous ne disiez pas cela tout-à-l'heure... (*Haut.*) Mademoiselle était seule..

Mme BARNEK. Comment seule?..

HENRIETTE, *vivement à* Mme *Barnek.* C'est pendant la semaine qu'a duré votre indisposition.

LE DUC. Et un jour, j'ai été assez heureux pour la défendre, la protéger contre des indiscrets qui voulaient la suivre... j'ai osé lui offrir mon bras...

HENRIETTE, *vivement.* Avec un empressement... une bonté...

BÉNÉDICT, *à part.* Le grand mérite!

Mme BARNEK. Ah! c'est ainsi que vous vous êtes connus ?

LE DUC. Oui madame.. et cette heureuse rencontre m'a enhardi à vous écrire ce matin... au nom du directeur de Londres... dont je suis le correspondant.

Mme BARNEK. Quoi! cette lettre... signée sir Blake?

BÉNÉDICT. Sir Blake?

LE DUC. C'est moi-même.

BÉNÉDICT. Cet inspecteur anglais... cet agent des théâtres?..

LE DUC, *froidement*. Oui, monsieur...

BÉNÉDICT. Elle est bonne, celle-là!.. moi qui ai vu avant hier M. Blake.

LE DUC, *à part*. O ciel!

BÉNÉDICT. A telle enseigne qu'il est venu me proposer, pour l'année prochaine, un engagement de trois cents livres sterling... avec des feux.

Mme BARNEK *et* HENRIETTE. Eh bien! qu'est-ce que ça prouve?

BÉNÉDICT. Ça prouve que ce n'est pas monsieur.

Mme BARNEK *et* HENRIETTE. Est-il possible?

BÉNÉDICT, *avec chaleur*. Qu'il est venu ici sous un faux nom... sous un prétexte... pour parler d'affaires de théâtre et pour vous séduire... non, nous... je veux dire séduire mademoiselle Henriette... et la preuve... demandez-lui ce qu'il a à répondre.

Mme BARNEK. Oui, monsieur, que répondrez-vous?

LE DUC, *froidement*. Rien du tout, madame ; et monsieur, m'a rendu un grand service en dévoilant lui-même une ruse, que j'allais vous avouer.

Mme BARNEK. Quoi! vous n'êtes pas sir Blake?

LE DUC. Non, madame.

HENRIETTE, *à part*. Il nous trompait !

Mme BARNEK. Vous n'êtes point chargé de m'offrir quarante mille florins?

LE DUC. Non, madame.

Mme BARNEK, *à part*. Et moi qui ai refusé les huit mille de M. Fortunatus... s'il allait revenir en ce moment... (*Haut*.) Et de quel droit, monsieur?..

BÉNÉDICT. Oui, monsieur, de quel droit?

LE DUC. Quant à vous, monsieur, cela ne vous regarde pas, c'est à mademoiselle que je veux avouer toute la vérité... Oui, Henriette, vous le savez... m'enivrant tous les soirs du plaisir de vous admirer...

BÉNÉDICT. Quoi! cet habitué du balcon?..

HENRIETTE, *avec émotion*. C'était lui!

LE DUC. Vous ne pouvez comprendre quel charme vous fascine et vous séduit à jouir du triomphe de ce qu'on aime, à entendre ceux qui vous entourent partager votre admiration, que leurs transports rendent encore plus vive... Loin d'en être jaloux, on en est fier... et dès ce moment j'ai juré que vous seriez à moi, que vous partageriez mon sort.

BÉNÉDICT, *avec colère* Monsieur!

LE DUC, *avec chaleur*. Pour y parvenir, il n'est point de sacrifices dont je ne sois capable.. et quand je devrais vous offrir tout ce que je possède...

Mme BARNEK. Monsieur, nous ne recevrons rien que de la main d'un époux.

HENRIETTE, *d'un ton de reproche*. Ah ! ma tante... monsieur ne peut avoir d'autres intentions.

LE DUC, *troublé*. Qui, moi?.. non, certainement... et croyez que les motifs les plus nobles, les plus purs...

Mme BARNEK. Alors, monsieur, qui êtes-vous?

LE DUC, *avec embarras*. Un ami des arts... un artiste... enthousiaste, comme vous, de la musique... un jeune compositeur, peu connu encore

BÉNÉDICT. Il n'a rien fait

HENRIETTE. Qu'importe? avec du courage et du talent... on parvient toujours.

BÉNÉDICT. Quand je vous disais que vous l'aimiez!

HENRIETTE. Pourquoi pas ? je puis l'avouer en ce moment, puisqu'il n'a rien... puisqu'il est artiste comme nous...

SCENE IX.

LES MÊMES, CHARLOTTE, *sortant de la chambre à gauche*.

QUINTETTE.

CHARLOTTE, *apercevant le duc*.
Grand Dieu ! que vois-je?
(*à Mme Barnek et à Henriette*.)
Et pour vous quel honneur !
(*Faisant au duc une révérence gracieuse*.)
Vous, dans ces lieux!.. vous, monseigneur !
Mme BARNEK, HENRIETTE ET BÉNÉDICT.
Monseigneur!.. que dit elle?..
LE DUC, *à part*.
O fâcheuse rencontre !
HENRIETTE, *à Charlotte*.
Tu te trompes !

CHARLOTTE.
Non pas l'aimable conquérant,
Pour les belles, toujours sa tendresse se montre ;
Il m'avait fait la cour...
HENRIETEE.
O ciel!
CHARLOTTE, *riant*.
Pour un instant...
Moi, je ne donne pas dans la diplomatie.
BÉNÉDICT.
Qui ? lui ?.. c'est un compositeur...
HENRIETTE.
Un artiste !
CHARLOTTE, *riant*.
Tu crois...

(*Riant.*) Mais c'est l'ambassadeur
De Prusse.
TOUS.
O ciel!..
CHARLOTTE, *de même.*
Eh oui! ma chère amie.
LE DUC, *voulant s'approcher d'Henriette.*
Écoutez-moi!
HENRIETTE, *s'éloignant de lui avec mépris.*
Pour vous!.. j'en rougis, monseigneur!
ENSEMBLE.
HENRIETTE, *à part.*
Ah! c'en est fait, sa perfidie
Change mon cœur, et sans retour
Il vient de perdre pour la vie
Et mon estime et mon amour!
LE DUC, *à part.*
La pauvre enfant! de perfidie
Elle m'accuse dans ce jour!
Je sens ici que pour la vie,
Son cœur obtient tout mon amour!
CHARLOTTE.
Oui, c'est charmant! la perfidie
De monseigneur va dans ce jour,
Contre une chanteuse jolie,
Voir échouer tout son amour!
BÉNÉDICT.
Que je bénis sa perfidie!
Sans elle, hélas! et sans retour,
Celle que j'aime pour la vie,
Pouvait lui donner son amour!
Mme BARNEK.
Ces grands seigneurs, leur perfidie
Tient toujours prêt quelque bon tour!
Mais je serai, nièce chérie,
Ton égide contre l'amour.
LE DUC, *à Henriette.*
Pardonnez-moi cette innocente ruse,
Pour pénétrer dans ce séjour.
Ma faute n'est que de l'amour,
Et vos charmes sont mon excuse!
HENRIETTE.
PREMIER COUPLET.
Le ciel nous a placé dans des rangs,
Hélas! différens,
Vous avez pour vous gloire et grandeur...
Moi je n'ai que mon cœur
Et pour défendre ce cœur
D'un dangereux séducteur...
Adieu vous dis, monseigneur,
Monseigneur l'ambassadeur.
DEUXIÈME COUPLET.
Jugez donc ce que je deviendrais,
Si je vous aimais!
Peut-être, hélas! j'en étais bien près,
Pour vous quels regrets!
Mais grâce à leurs soins prudens...
Puisqu'il en est encore temps
Adieu vous dis, monseigneur,
Monseigneur l'ambassadeur.
LE DUC, *à Henriette.*
Je ne vous verrai plus! pour moi quelle douleur!
HENRIETTE, *avec effort.*
De votre loge, monseigneur,
Vous pourrez chaque soir éprouver ce bonheur!
ENSEMBLE.
HENRIETTE.
Ah! c'en est fait, sa perfidie
Change mon cœur, et sans retour
Il vient de perdre pour la vie
Et mon estime et mon amour.
LE DUC.
La pauvre enfant! de perfidie

Elle m'accuse dans ce jour!
Je sens ici que pour la vie
Son cœur obtient tout mon amour.
CHARLOTTE.
Oui, c'est charmant! la perfidie
De monseigneur, va dans ce jour,
Contre une danseuse jolie,
Voir échouer tout son amour!
BÉNÉDICT.
Que je bénis sa perfidie!
Sans elle, hélas! et sans retour,
Celle que j'aime pour la vie,
Pouvait lui donner son amour.
Mme BARNEK.
Les grands seigneurs, leur perfidie
Tient toujours prêt quelque bon tour;
Mais je serai, nièce chérie,
Ton égide contre l'amour!
(*Le duc sort, reconduit par Charlotte qui lui fait force révérences en se moquant de lui.*)

SCÈNE X.

LES MÊMES, *excepté le duc.*

BÉNÉDICT. Vous le renvoyez... vous le congédiez... ah! que c'est bien à vous!

HENRIETTE, *avec douleur.* Un duc, un ambassadeur... qui se serait attendu à cela?

CHARLOTTE. Ils n'en font jamais d'autres, ma chère, fais comme moi... ne t'y fie pas.

Mme BARNEK, *avec un soupir.* Ah! c'est dommage pourtant...

HENRIETTE, *sévèrement.* Quoi donc?

Mme BARNEK. Que les principes soient là!.. mais il le faut!.. moi, j'ai toujours été la victime des principes...

BÉNÉDICT. Pourvu que vous n'ayez pas de regrets.

HENRIETTE, *essuyant une larme.* Moi!.. aucuns! (*Prenant la main de Bénédict et de Charlotte.*) L'amitié est là qui me consolera.

BÉNÉDICT. Oui, oui, l'amitié... vous avez raison...

Mme BARNEK. Et M. Fortunatus... et cet engagement... moi qui ai refusé des conditions superbes!

BÉNÉDICT. Il les offrira toujours.

Mme BARNEK. Eh! non, vraiment... s'il apprend qu'il n'y a plus concurrence.

HENRIETTE, *avec impatience.* Eh bien! qu'importe?

Mme BARNEK. Ce qu'il importe... tout nous manque à la fois!..

BÉNÉDICT. Je cours chez notre directeur... et s'il ne vous engage pas... je ne joue pas ce soir, ni de toute la semaine!

CHARLOTTE. Et moi, je suis malade pour trois mois!

HENRIETTE, *attendrie.* Mes amis... mes chers amis!...

Mme BARNEK. Qui vient là?.. est-ce lui? non, un valet.

CHARLOTTE. La livrée de l'ambassadeur.

UN VALET, *entrant*. Avant de remonter en voiture, monseigneur a écrit en bas ce billet pour Mme de Barnek.

TOUS. De Barnek!

Mme BARNEK. Je déclare d'avance que mes principes me défendent de rien entendre.

CHARLOTTE. Comment donc! mais on peut toujours lire... quand on peut...

Mme BARNEK. Si vous le pensez... (*Elle ouvre le billet qu'elle lit, et pousse une exclamation de surprise.*) O mon Dieu! ô mon Dieu!... ce n'est pas possible.
(Le valet sort.)

TOUS. Qu'est-ce donc?

Mme BARNEK, *à Charlotte et à Bénédict d'un ton de protection*. Laissez-nous, mes amis, laissez-nous!

CHARLOTTE. Expliquez-nous au moins...

Mme BARNEK, *avec dignité*. Je vous prie, mademoiselle Charlotte, de me laisser.

CHARLOTTE. Eh bien! on vous laissera, je n'y comprends rien!

BÉNÉDICT, *à Charlotte*. Eh! oui... allons chez Fortunatus, pour cet engagement.

Mme BARNEK, *vivement*. Gardez-vous-en bien!... n'allez pas nous compromettre à ce point.

CHARLOTTE. Quoi! ces vingt mille florins?

Mme BARNEK, *d'un air de dédain*. Quand il en donnerait quarante, croyez-vous que je voudrais pour une pareille somme....

CHARLOTTE. Qu'est-ce qui lui prend donc?

HENRIETTE. Mais, ma tante.. ce qu'on vous écrit là...

Mme BARNEK, *avec fierté*. C'est un secret qui me regarde... qui me regarde personnellement.

BÉNÉDICT, *riant*. Vous!

Mme BARNEK. Moi-même!

BÉNÉDICT, *de même*. Ça me rassure.

CHARLOTTE, *de même*. Une note diplomatique...

Mme BARNEK. Comme vous dites!... et je désire être seule pour y répondre.

CHARLOTTE, *à part*. Elle ne sait pas écrire. (*Haut.*) On s'en va... on s'en va... on ne demande pas à savoir... (*Bas à Henriette.*) Tu nous diras ce que c'est.

BÉNÉDICT, *bas à Henriette*. Prenez bien garde, au moins...

HENRIETTE. Soyez tranquilles, mes amis, rien ne me fera changer.

(*Bénédict et Charlotte sortent.*)

SCÈNE XI.
HENRIETTE, Mme BARNEK.

HENRIETTE. Ah çà! ma tante, qu'est-ce que ça signifie? ce mystère avec nos amis, et puis cet air rayonnant que je vous vois.

Mme BARNEK, *avec transport*. Je n'y tiens plus... j'étouffe de joie et de bonheur... ma chère nièce, ma chère enfant... embrasse-moi. Je te disais bien qu'avec de l'ordre... de la conduite et une bonne tante... Mon châle, mon chapeau...

HENRIETTE. Qu'avez-vous donc?

Mme BARNEK. Je reviens, ma chère amie.... je reviens dans l'instant.... j'ai toujours eu l'idée que ça ne pouvait pas nous manquer, et que je finirais par être quelque chose.

HENRIETTE, *avec impatience*. Mais quoi donc?

Mme BARNEK. Tiens, tiens... lis... lis cette lettre... quel bruit ça ferait... si on ne nous demandait pas le secret!... Embrasse-moi encore... car j'en mourrai de joie, et eux tous de dépit.

(*Elle sort très-vivement.*)

SCÈNE XII.
HENRIETTE, *seule*.

Qu'est-ce que cela signifie?.... (*Lisant.*)
« Madame, depuis qu'Henriette m'a banni
» de sa présence et m'a défendu de la revoir, je sens que je ne puis vivre sans
» elle; un seul moyen me reste de ne la
» quitter jamais.. elle eût accepté la main
» du pauvre artiste..... refusera-t-elle
» celle du grand seigneur? » O mon Dieu!
« Je connais d'avance les reproches du
» monde et de ma famille, et je les brave.
» Mon souverain pourrait seul s'opposer
» à ce mariage... j'espère bien le fléchir,
» mais s'il me refusait son consentement..
» je n'hésiterais point entre la faveur du
» prince et le bonheur de ma vie..» (*Parlant.*) Quel sacrifice! « D'ici là cependant
» que ce projet soit secret. J'exige de plus
» qu'Henriette ne signe aucun nouvel engagement... qu'elle quitte sur-le-champ
» le théâtre... et pour le reste... venez
» me trouver... je vous attends.
                   Le duc de VALBERG. »

RÉCITATIF.
Dieu! que viens-je de lire.. en croirai-je mes yeux
A moi!.. moi, pauvre artiste, un sort si glorieux

CANTABILE.
Jusqu'à lui son amour m'élève!
Au premier rang je vais briller...

C'est un prestige... c'est un rêve,
Je crains encore de m'éveiller!..
(*Regardant la lettre.*)
Mais non... voici les mots tracés par sa tendresse!!!
Être sa femme! être duchesse!..
Duchesse!.. une prima donna!
Quel triomphe pour l'opéra!
Jusqu'à lui son amour m'élève,
Au premier rang je vais briller,
Ah! si mon bonheur est un rêve,
Amour! ne viens pas m'éveiller!

CAVATINE.
(*Gaîment.*)
J'aurai des titres, des livrées,
A la cour j'aurai mes entrées,
J'aurai ma loge à l'Opéra,
Où de loin on me lorgnera!
Des diamans, un équipage;
Et la foule, sur mon passage,
En m'apercevant s'écriera :
« Voilà notre prima donna !!! »
Puis l'on dira : Dieu ! quel dommage!
N'entendre plus cette voix-là!
Ils ont raison, c'est grand dommage,
De renoncer à tant d'éclat !
C'est qu'il était beau mon état!
Là j'étais reine
Et souveraine,

Et sous ma chaîne
Qu'on adorait,
Doux esclavage,
Nouvel hommage,
A chaque ouvrage,
M'environnait.
J'entends encore les transports du théâtre,
J'entends un public idolâtre
S'écrier : Brava!
C'est un moment bien doux que celui-là...
Mais ce bonheur l'amour me le rendra.
Et près de lui,
Près de mon mari...
J'aurai des titres, des livrées, etc., etc.

Mme BARNEK, *entrant vivement par la porte à gauche.* Allons, ma nièce, allons, il est en bas!... il nous attend dans une voiture à quatre chevaux...

HENRIETTE. Quatre chevaux !

Mme BARNEK. Dam!... pour nous enlever!... vous et moi... un équipage magnifique !

HENRIETTE. Un équipage!...

(Mme Barnek l'entraîne par la porte à gauche. Le rideau baisse.)

ACTE II.

Le théâtre représente un salon de l'hôtel du duc, à Berlin. Porte au fond. Deux portes latérales. A droite une table. A gauche, un piano. Une vaste fenêtre avec balcon de côté. Un sopha ; une table à thé, etc.

SCENE PREMIERE.

HENRIETTE, *seule, richement habillée.*

(On entend rouler, puis s'arrêter une voiture.)

HENRIETTE, *à la fenêtre.* C'est lui... c'est lui... le voilà... il revient enfin. (*Quittant la fenêtre.*) Ah! mon Dieu! j'ai cru que j'allais mourir de saisissement, de joie, en le voyant descendre de voiture. (*Gaîment.*) Tâchons de nous calmer... il faut le punir de ses trois mois d'absence... s'il me voyait ainsi, il serait trop content.

SCENE II.

HENRIETTE, LE DUC.

UN VALET, *annonçant.* Monseigneur.

LE DUC, *entrant, et courant à Henriette.* Henriette... ma chère Henriette !

HENRIETTE, *d'un air froid.* Ah! vous voici, monsieur le duc ?

LE DUC, *surpris.* Quel accueil!.. Henriette ! ne m'aimez-vous plus?

HENRIETTE, *s'oubliant.* Si, monsieur... on vous aime... on vous aime toujours. Ah ! je n'ai pas le courage de vous cacher mon bonheur.

LE DUC. Ma bonne Henriette.. combien ces trois mois d'absence m'ont semblé longs! combien j'ai maudit cette ennuyeuse ambassade qui me retient depuis si long-temps loin de vous!

HENRIETTE. Bien vrai? (*Lui tendant la main.*) Vous le dites si tendrement qu'il faut vous croire.... Et puis, monsieur, (*montrant son cœur*) il y a quelqu'un qui plaide si bien pour vous.

LE DUC. Pauvre Henriette! à peine vous eus-je conduite ici, à Berlin, dans mon hôtel, il y a trois mois, en quittant Munich, qu'il fallut m'éloigner, me séparer de vous, le lendemain de notre arrivée... un ordre du roi m'envoyait à Vienne, en mission extraordinaire... et dans ma position, je suis tout à sa majesté.

HENRIETTE, *souriant.* J'aimerais mieux un mari qui fût tout à sa femme.

LE DUC, *riant.* Que voulez-vous? quand on est ambassadrice !..

HENRIETTE, *avec malice.* Prenez garde, monsieur.. je ne le suis pas encore !

LE DUC. Cela revient au même.. je vous ai présenté comme ma femme à toute ma famille ; le contrat qui vous assure la moitié de ma fortune est irrévocablement signé... et si notre mariage n'est pas encore célébré, mon voyage seul en est la cause.

HENRIETTE. Et si le roi refuse... car vous m'avez dit que notre mariage ne peut avoir lieu sans son consentement... comme si les rois devaient se mêler de ces choses-là !

LE DUC. J'obtiendrai ce consentement, Henriette, j'en suis sûr... je l'ai réclamé comme le prix des services que je viens de lui rendre à Vienne... Et demain, aujourd'hui peut-être, il me l'accordera... mais d'ici là, je craindrais, sur la résolution du roi, les reproches et les récriminations de ma famille, de tous ces grands seigneurs d'Allemagne qui ne comprennent pas comme moi que le talent est aussi une noblesse... voilà pourquoi je leur ai caché qui vous êtes ; voilà pourquoi, aux yeux de tous, je vous ai fait passer pour une personne de noble extraction... c'est indispensable... il le faut... il y va de mon bonheur et du vôtre.

HENRIETTE. Du mien... ah ! mon ami, je l'aurai bien gagné !

LE DUC, surpris. Que voulez-vous dire ?

HENRIETTE. Si vous saviez comme je me suis ennuyée en votre absence !

LE DUC, vivement. Oh ! que c'est aimable à vous !

HENRIETTE. Pas tant... et si j'avais pu faire autrement... mais le moyen... vous me laissez, dans cet hôtel, sous la surveillance et la garde de votre illustre sœur, la comtesse Augusta de Fierschemberg qui n'est pas si amusante que mon ancienne camarade Charlotte.

LE DUC. Y pensez-vous !.. Ma sœur est une femme distinguée, qui ne voit que des personnes de rang ou de naissance.

HENRIETTE. Eh bien ! justement... c'était à périr de naissance et d'ennui ! passer la journée entière à recevoir ou à rendre des visites, rester droite et immobile sur un fauteuil doré, moi qui aimais tant à sauter et à courir... ne plus oser parler de mes anciens succès, de mon beau théâtre, que j'oublie quand vous êtes là, mais auquel, malgré moi, je pensais en votre absence... et puis surtout, m'avoir défendu... non... prié en grâce... c'est la même chose... de m'abstenir ici de toute musique, ma consolation... mon plus vif plaisir.

LE DUC. Vous m'avez mal compris... quand vous êtes seule chez vous, que personne ne peut vous entendre...

HENRIETTE, riant. Bien obligé.

LE DUC. Mais vous sentez que devant ma sœur, devant ces dames... dans un salon nombreux... c'est trop bien... l'étonnement, l'admiration que vous causeriez, feraient bientôt reconnaître l'artiste... le grand talent.

HENRIETTE, avec malice. Et le talent est défendu à une duchesse ?

LE DUC, riant. On n'y est pas habitué, du moins... (avec tendresse) aussi, ma bonne Henriette... ma jolie duchesse... je vous demande encore, pendant quelques jours seulement, et jusqu'au consentement du roi, d'éloigner des soupçons...

HENRIETTE. Que chaque instant peut faire naître. Ma pauvre tante est si heureuse d'avoir un cachemire et des plumes, de s'entendre appeler Mme la baronne de Barnek ! que si je n'avais pas été là pour la surveiller... et venir à son aide... vingt fois déjà votre sœur aurait découvert la vérité.

LE DUC, à Henriette. Silence donc ! étourdie... voici la comtesse.

SCENE III.

Les Mêmes, LA COMTESSE.

LA COMTESSE. Enfin, monsieur le duc, vous voilà de retour dans votre hôtel ?

LE DUC. Oui, ma chère sœur, après trois mois d'absence.

LA COMTESSE. Trois mois ! et qu'avez-vous fait pendant ce temps ?

HENRIETTE. Oui, monsieur, vous qui m'interrogez, vous ne m'avez pas rendu compte de votre séjour à Vienne.

LE DUC. Une vie si triste, si monotone.. le matin aux affaires...

LA COMTESSE. Et tous les soirs au spectacle.

HENRIETTE, vivement. Au spectacle ?

LE DUC. Moi !

LA COMTESSE. Vous me l'avez écrit... c'est du reste votre habitude. (A Henriette.) Il y a toujours quelque talent lyrique pour lequel il se passionne...

LE DUC. Ma sœur...

LA COMTESSE. Une idée, un caprice qui ne dure qu'une semaine, ou souvent même qu'un jour...

HENRIETTE. Comment, monsieur, il serait vrai ?

LA COMTESSE. Oui, ma chère amie, mon frère est un peu jeune, un peu léger ; mais, grâce à vous...

HENRIETTE, bas au duc. Vous ne m'aviez pas dit cela, monsieur......

LE DUC, de même. N'en croyez rien.

LA COMTESSE. Sortez-vous, ce matin, monsieur le duc ?

HENRIETTE, *vivement*. Je l'espère bien... vous m'emmenerez, n'est-ce pas ?

LA COMTESSE, *sévèrement*. Comment, mademoiselle ?

HENRIETTE, *se reprenant*. Avec ma tante.

LA COMTESSE. A la bonne heure.

HENRIETTE. Où vous voudrez... hors de la ville... à la campagne... (*A demi-voix.*) Pourvu que nous soyons ensemble.

LE DUC, *de même*. Je le désire autant que vous ! mais un rapport au roi, que je dois lui donner ce soir.

LA COMTESSE, *à Henriette*. J'ai des projets pour vous et moi, ma chère Henriette... je viens de recevoir une invitation... des billets...

HENRIETTE, *vivement et avec joie*. Pour un concert ?

LA COMTESSE. Non... pour le chapitre noble qui se tient aujourd'hui, et auquel votre naissance vous donne le droit d'assister.

HENRIETTE, *avec terreur*. Le chapitre noble !

LE DUC, *lui prenant la main*. Qu'avez-vous ?

HENRIETTE, *bas au duc*. Ah ! j'en tremble de peur... faites que je n'y aille pas, je vous en prie.

LE DUC, *à sa sœur*. Henriette est un peu souffrante, et je désire qu'elle reste.

LA COMTESSE. A la bonne heure... je ne la quitterai pas.

HENRIETTE, *bas au duc*. La belle avance, je crois que j'aimerais mieux le chapitre noble.

LE DUC. Il faut chercher ici quelques moyens de la distraire...

LA COMTESSE. Si elle savait la musique, nous pourrions en faire toutes les deux.

HENRIETTE, *riant*. Moi, madame !..... (*un geste du duc l'arrête.*) A peine si je sais déchiffrer.

LA COMTESSE. Je m'en doute bien... ce n'est pas dans le fond de la Bavière... dans le château de votre tante que l'on aurait pu soigner votre éducation musicale..... mais si vous voulez que ce matin je vous donne une leçon...

LE DUC, *avec humeur*. Une belle idée !

HENRIETTE. Moi ! madame, je n'oserais...

LA COMTESSE. Pourquoi pas..? je serai indulgente... (*Elle sonne, deux domestiques entrent.*) J'ai là des airs nouveaux que l'on m'a envoyés, des airs du sultan Misapouf.

HENRIETTE, *vivement*. Du sultan...

LA COMTESSE. Vous ne connaissez pas cela... un opéra qui vient d'être donné en Allemagne avec quelques succès. (*Aux domestiques.*) Avancez ce piano, (*se mettant au piano.*) c'est l'air que chante la parisienne au premier acte.

LE DUC. Mais ma sœur... c'est trop de complaisance...

LA COMTESSE. Occupez-vous de votre rapport au roi, mon frère... et laissez-nous.

LE DUC, *bas à Henriette*. Refusez, je vous en supplie !

HENRIETTE. Est-ce possible ? (*Riant.*) Elle veut me donner une leçon !

LE DUC, *bas à Henriette*. Au moins, prenez garde, et chantez mal... si ça se peut.

TRIO.

LA COMTESSE, *au piano*.
Ecoutez bien.
(*Chantant.*)
Tra, la, la, la, la, la.
HENRIETTE, *l'imitant avec gaucherie et timidité*.
Tra, la, la, la, la, la.
(*Regardant le duc.*)
Etes-vous content ?
LE DUC, *l'approuvant*.
C'est cela !
LA COMTESSE.
Non vraiment, ce n'est pas cela !
HENRIETTE, *de même*.
Tra, la, la.
LA COMTESSE, *la reprenant*.
C'est un sol !
HENRIETTE, *lui montrant le papier*.
C'est un la !
LA COMTESSE.
C'est vrai !
(*Chantant.*)
Tra, la, la, la, la, la.
HENRIETTE, *répétant, mais un peu mieux*.
Tra, la, la, la, la, la.
LE DUC, *bas*.
Prenez donc garde !.. ah ! je tremble d'effroi !
LA COMTESSE, *cherchant à déchiffrer avec peine*.
Tra, la, la, la, la, lu, la...
HENRIETTE, *avec un air d'admiration*.
Quelle facilité !
LE DUC, *bas à Henriette*.
Vous nous raillez, traîtresse !
HENRIETTE, *de même*.
Comme vous le disiez, c'est chanter en duchesse.
LA COMTESSE.
Répétez avec moi.
(*Déchiffrant avec peine.*)
Le divin Mahomet,
Pour mieux charmer nos âmes,
Dans les cieux vous promet
Un paradis secret ;
Mais il vous trompe, hélas !
Surtout n'y croyez pas,
Aux cieux ne cherchez pas
Ce paradis des femmes ;
Car le vrai paradis,
Messieurs, est à Paris.
HENRIETTE, *reprenant l'air qu'elle chante couramment*.
Le divin Mahomet,
Pour mieux charmer nos âmes,
Dans les cieux vous promet
Un paradis secret ;

Aux cieux ne chercher pas,
Ce paradis des femmes;
Car le vrai paradis,
Messieurs, est à Paris.
LA COMTESSE.
Pas mal pour la première fois.
LE DUC, *à part et regardant Henriette.*
Ah! je crains qu'elle ne se lance!
A la comtesse.)
Vous feriez mieux d'y renoncer, je crois.
LA COMTESSE.
Non, non, j'ai de la patience,
J'en ferai quelque chose, et nous la formerons
Avec le temps...
HENRIETTE.
Et grâce à vos leçons...
ENSEMBLE.
LA COMTESSE.
Écoutez.., écoutez cela!
Tra, la, la, la, la, la, la,
Tra, la, la, la, la, la, la,
Faites bien ce que je fais là!
HENRIETTE.
Brava brava! c'est bien cela!
Quelle méthode enchanteresse!
C'est chanter comme une duchesse,
Ah! quel talent vous avez là!
LE DUC.
C'est bien, c'est bien, finissons là!
Je cède à la peur qui m'oppresse,
Je crains sa voix enchanteresse
Qui tous les deux nous trahira!
LA COMTESSE.
Continuez.
HENRIETTE.
Voguez, sultan joyeux,
Vers les bords de la Seine,
Là, s'offrent à vos yeux
Les délices des cieux;
Et jour et nuit c'est là
Qu'amour vous sourira.
Là, des jeux et des ris
La troupe vous enchaîne,
Car le vrai paradis
Est à Paris.

ENSEMBLE.
LA COMTESSE.
Ah! c'est bien mieux, bien mieux déjà,
Moi, sa maîtresse... je suis fière
De voir que mon écolière
Fait des progrès comme ceux-là!
HENRIETTE.
Oui, cela va bien mieux déjà,
Et j'en rends grâce à ma maîtresse,
Merci, madame la comtesse,
Merci de cette leçon-là!
LE DUC.
C'est bien, c'est bien, finissons-là,
Je cède à la peur qui m'oppresse,
Je crains sa voix enchanteresse;
Qui tous les deux nous trahira.
LA COMTESSE, *l'écoutant.*
J'en suis encore toute saisie
Et ne comprends rien à cela!
LE DUC, *bas à Henriette.*
Prenez garde, je vous en prie;
En écoutant... je tremble, hélas!
HENRIETTE.
Eh bien! monsieur, n'écoutez pas!
LA COMTESSE.
Un talent
Aussi grand
C'est vraiment

Surprenant!
Ah! combien je suis fière!
En un instant, je crois,
Voilà mon écolière
Aussi forte que moi!
HENRIETTE, *s'oubliant.*
Buvons au sultan Misapouf,
Au descendant du grand Koulouf,
Il règne dans Maroc
Par droit de naissance.
Au combat aussi ferme qu'un roc,
Et des amours bravant le choc,
Il est l'aigle et le coq
Des rois de Maroc.
Versez-lui les vins de France,
Versez le champagne et le médoc,
Buvons tous au sultan Misapouf,
Au descendant du grand Koulouf
LE DUC.
Ce talent
La surprend
Et me rend
Tout tremblant!
Ah! la voilà partie,
Comment la retenir?
Arrêtez, je vous prie!
Elle me fait frémir!
ENSEMBLE.
LE DUC, LA COMTESSE, HENRIETTE
Buvons au sultan Misapouf, etc.

SCENE IV.

LES MÊMES, Mme BARNEK, *en grand costume, chapeau à plumes.*

Mme BARNEK, *au fond du théâtre, apercevant sa nièce.* Brava! brava! bravi! bravo!

LE DUC. Allons! la tante!.... pourvu qu'elle ne nous trahisse pas!

LA COMTESSE. Venez donc, madame la baronne, venez recevoir mes complimens... saviez-vous que votre nièce eût de pareilles dispositions?...

HENRIETTE, *bas au duc en riant.* Je croyais avoir mieux, que ça.

Mme BARNEK, *se rengorgeant.* Mais, Dieu merci, madame, c'est assez connu...

LE DUC, *à demi-voix.* Y pensez-vous?

Mme BARNEK. C'est assez connu dans notre famille... c'est moi qui l'ai élevée.

LA COMTESSE. Et pourquoi ne m'en disiez-vous rien?

Mme BARNEK, *avec embarras.* Pourquoi?

LE DUC. Madame la baronne est si modeste!..

Mlle BARNEK. Oh! oui... c'est mon défaut... modeste et surtout timide... c'est ce qui m'a nui... j'avais toujours des peurs quand je chantais.

LA COMTESSE. Ah! vous chantiez aussi?

Mme BARNEK, *avec volubilité.* Les Philis, avec quelque succès!

HENRIETTE, *à part.* Voyez-vous l'amour-propre d'artiste!

LA COMTESSE, *étonnée.* Vous avez joué

LE DUC, *vivement*. En société, dans son château... madame la baronne est de mon avis... c'est ce qu'on peut faire de mieux à la campagne.

Mme BARNEK. Certainement, monsieur mon neveu, car ici... à la ville... ce n'est pas moi qui voudrais... au contraire... si vous saviez à présent combien je méprise tout cela !...

LE DUC. C'est bien !

Mme BARNEK. Parceque notre rang... notre dignité...

LA COMTESSE. Et le décorum.

Mme BARNEK. Oui, le décor...

LE DUC, *l'interrompant*. C'est bien, vous dis-je... heureusement, voilà le déjeuner, elle ne parlera plus (*donnant la main à Henriette.*) Bonne Henriette, vous m'avez fait une peur...

HENRIETTE. Comment, monsieur?

LE DUC. Je veux dire un plaisir.

(Ils s'asseyent autour de la table à thé; deux domestiques apportent un plateau.)

Mme BARNEK. Voici le journal de la cour qui vient d'arriver.

LA COMTESSE. Notre lecture de tous les matins.

HENRIETTE, *à part*. En voilà pour une heure... comme c'est amusant.

LA COMTESSE. Voyons les présentations et les réceptions d'hier... (*Lisant.*) « Ont » eu l'honneur d'être reçus par sa majesté, » le comte et la comtesse de Stolberg, le » baron de Lieven... » (*Parlant.*) C'est de droit... Voilà de la haute et véritable noblesse... (*Lisant.*) » « La duchesse de Still- » marcher. » (*Parlant.*) Tenez, continuez, Henriette.

(Elle lui donne le journal.)

HENRIETTE, *lisant au bas de la page*. Ah! mon Dieu qu'ai-je vu ?

TOUS. Qu'est-ce donc?

HENRIETTE. « Théâtre royal.... notre » nouvel impressario.... le signor Fortu- » natus, a ouvert la saison par un opéra » nouveau. » Fortunatus est ici à Berlin...

LE DUC. Oui, ma chère... depuis quatre ou cinq jours...

HENRIETTE, *continuant à lire*. En effet ! « Il arrive de Vienne, où sa troupe a ob- » tenu le plus grand succès... surtout la » prima donna, la signora Charlotte, qui » a fait fureur, qui y était adorée. » (*Au duc.*) Et vous ne m'en disiez rien, monsieur, vous qui êtes resté trois mois à Vienne ?

LE DUC, *avec embarras*. J'ai oublié de vous en parler...

LA COMTESSE, *à Henriette*. Au haut de la page.

HENRIETTE, *lisant au haut de la page*. « Le prince Pukler - Muskau... la maré- » chale de Bukendorf... (*Regardant au bas* » *de la page.*) La signora Charlotte, pre- » mière chanteuse, et Bénédict premier » tenor... »

LA COMTESSE. Une chanteuse, un tenor?

HENRIETTE, *avec joie*. Ce pauvre Bénédict... vous vous le rappelez, ma tante ?

Mme BARNEK. Certainement...

HENRIETTE. Il a été applaudi.... on en dit beaucoup de bien.. J'étais sûre qu'il aurait un jour du talent, de la réputation... qu'il ferait son chemin.

LA COMTESSE. Et comment connaissez-vous tous ces gens-là, ma chère belle-sœur ?

LE DUC. C'est tout simple... Quand nous étions à Munich, madame la baronne et sa nièce allaient tous les soirs au théâtre.

HENRIETTE, *avec malice*. C'est vrai... monsieur le duc nous y a vues souvent.

LE DUC. Une troupe excellente.... des voix admirables...

HENRIETTE, *souriant*. La prima donna surtout... n'est-ce pas, monsieur le duc? (*A la comtesse.*) Nous recevions même quelques artistes.

LA COMTESSE. Qu'entends-je ? des comédiens ?

Mme BARNEK. Bien malgré moi, je vous jure... c'est ma nièce qui le voulait.

HENRIETTE Eh ! pourquoi pas ? des artistes de mérite... valent bien des comtesses qui n'en ont pas...

LE DUC, *lui faisant signe*. Henriette...

LA COMTESSE. Ah! ma chère, quel langage !

Mme BARNEK. Ah ! ma nièce.... quel propos !

LA COMTESSE. C'est du libéralisme tout pur !

Mme BARNEK, *répétant*. Certainement, c'est du.... comme dit madame.... tout pur !...

LE DUC, *avec impatience*. C'en est trop sur ce sujet... qu'il n'en soit plus question de grâce !

UN VALET, *annonçant*. Un seigneur italien demande à parler à monsieur le duc.

LE DUC. Qu'il entre... qu'il entre !.. (*à part*) cela du moins fera diversion.

LE VALET, *qui a fait un signe à la cantonnade, revient près du duc*. Et voici de la part du roi un message pour monseigneur.

LE DUC, *prêt à décacheter la lettre*. Qu'est-ce donc ? (*Apercevant Fortunatus qui entre.*) Dieu ! Fortunatus !... (*Bas à Henriette.*)

Je ne veux pas qu'il vous voie avant que je l'aie prévenu.

HENRIETTE, *bas au duc.* Comme vous voudrez... je m'éloigne... mais pas pour long-temps.

(Elle sort.)

SCÈNE V.

LE DUC, FORTUNATUS, LA COMTESSE, Mme BARNEK.

FORTUNATUS, *se courbant jusqu'à terre et saluant le duc.* Ze zouis le servitor humilissime de monseigneur.

LE DUC, *à demi-voix.* Pas un mot de ce que vous savez devant ma sœur ou devant d'autres personnes.

FORTUNATUS, *saluant les dames et reconnaissant* Mme *Barnek.* Ah! mon Dieu!

Mme BARNEK. Bonjour, mon cher Fortunatus, nous parlions de vous tout-à-l'heure.

FORTUNATUS. Elle a un air de protection aussi étonnant que son costume.

LE DUC. Silence!

Mme BARNEK. Parlez, mon cher, que voulez-vous? nous aimons à protéger les arts.

FORTUNATUS, *au duc.* Ze venais vous supplier, monseigneur, de prendre à mon théâtre une loge per la saison... nous en avons de six et de huit personnes... ma ze l'engazerai à prendre celle de huit per lui et per sa famille, (*regardant* Mme *Barnek*) qui tient de la place.

LE DUC. Comme vous voudrez.

FORTUNATUS. Nous avons ce soir oune superbe représentation... la seconde du Sultan Mizapouf, opéra.

LA COMTESSE. Dont nous chantions un air tout-à-l'heure.

LE DUC. C'est bien, cela suffit.

FORTUNATUS, *se courbant.* Ze remercie infiniment monseigneur, et ze m'en vas... d'autant que z'ai en bas, dans ma voiture, notre prima dona, la signora Charlotte, qui m'attend... et qui n'est point patiente... (*à demi-voix.*) vi la connaissez!

LE DUC, *vivement.* Hâtez-vous alors.

FORTUNATUS. Monseigneur gardera-t-il aussi la petite loge grillée qui donne sur le théâtre, et que les autres années il avait, dit-on, l'habitude de louer?.. C'est souvent très-commode pour l'incognito.

LE DUC, *avec impatience.* Je la prends aussi... mais l'on vous attend.

FORTUNATUS. Ze vous les enverrai toutes les deux pour ce soir... et il est bien entendu que c'est per toüs les jours...

LE DUC. C'est dit.

FORTUNATUS. Excepté per les représentations extraordinaires... et celles à bénéfice ... et nous en aurons une prochainement... celle de notre premier ténor, le signor Bénédict... qui fait dézà ses visites pour cela.

LE DUC, *sans écouter Fortunatus, a décacheté la dépêche qu'il tenait à la main et y jette les yeux.* Qu'ai-je vu?

LA COMTESSE. Qu'est-ce donc?

LE DUC, *apercevant Charlotte qui entre, et serrant le papier.* Ah! mon Dieu!

SCÈNE VI.

LE DUC, CHARLOTTE, FORTUNATUS, LA COMTESSE *et* Mme BARNEK, *assises à droite, en causant.*

CHARLOTTE. A merveille! c'est aimable... et très-gentil!... voilà deux heures, monsieur Fortunatus, que vous me faites attendre dans votre voiture... Moi, un premier sujet!

FORTUNATUS. Signora, mille pardons.

CHARLOTTE. C'est moi qui dois en demander à monsieur le duc, de venir ainsi chercher mon directeur jusque dans cet hôtel.

FORTUNATUS. C'est, z'ose le dire, ma zè enfant, oune inconséquence...

CHARLOTTE. Que j'ai faite exprès, et dont je suis enchantée. (*Avec malice.*) J'avais un instant d'audience à demander à monseigneur...

LE DUC, *troublé, à demi-voix.* Ici!... Charlotte, y pensez-vous?... et Henriette?

CHARLOTTE. N'est-ce que cela? je m'adresserai à elle-même pour faire apostiller ma pétition... il me faut mon audience, monseigneur!

LE DUC. De grâce... prenez garde!..

CHARLOTTE, *à part, au duc.* Vous me l'accorderez...

LE DUC, *de même, très-embarrassé.* Oui Charlotte, oui, mais plus tard.

LA COMTESSE, *se levant.* Eh! quelle est donc cette femme?

Mme BARNEK. Ne faites pas attention, madame la comtesse, c'est une comédienne.

CHARLOTTE, *se retournant avec fierté.* Une comédienne!

(Apercevant Mme Barnek en grande parure avec une toque à plumes, elle part d'un éclat de rire.)

QUINTETTE.

CHARLOTTE, *riant aux éclats.*
Ah! ah! ah! ah! ah! ah!

TOUS.
Qu'a-t-elle donc?
CHARLOTTE, *riant plus fort et se soutenant à peine.*
Ah! ah! ah! ah! ah! ah!
Je n'en puis plus! un fauteuil... ou j'expire!.
FORTUNATUS, *lui apportant un fauteuil.*
Elle se trouve mal!
CHARLOTTE, *se jetant sur le fauteuil et se roulant à force de rire.*
Ah! ah! ah! ah!
Je n'ai rien vu de pareil à cela!
TOUS.
Et qui donc ainsi vous fait rire?
CHARLOTTE, *montrant M*me *Barnek.*
Madame... avec sa toque à plumes!.. ah! ah! ah!
LA COMTESSE.
Outrager à ce point madame la baronne!..
CHARLOTTE, *riant plus fort.*
Baronne!.. ah! ah!
LE DUC *et* FORTUNATUS, *bas à Charlotte.*
Au nom du ciel! vous tairez-vous?
CHARLOTTE, *se tenant les côtés.*
Que madame me le pardonne!..
Je ne puis pas!
Mme BARNEK.
Redoutez mon courroux!
nsolente!
CHARLOTTE, *se levant.*
Ah! vraiment! madame était moins fière
Lorsqu'autrefois elle jouait
Les Philis!!!
TOUS.
Les Philis!!!
LE DUC *et* FORTUNATUS, *bas à Charlotte.*
Voulez-vous bien vous taire!..
CHARLOTTE.
Les Philis, et les Dugazons... corset!!!
ENSEMBLE.
LE DUC, FORTUNATUS *et* Mme BARNEK.
Elle ne peut se taire,
Sa langue de vipère
Ici nous désespère
Et va tout découvrir!
Non, non, rien ne l'arrête,
C'est pis qu'une tempête!
N'écoutant que sa tête,
Elle va nous trahir!
CHARLOTTE.
Je ne veux pas me taire,
Lorsqu'avec moi, ma chère,
On veut faire la fière,
On doit s'en repentir!
Non, non, rien ne m'arrête,
Redoutez la tempête!
Je n'en fais qu'à ma tête
Et veux tout découvrir!
LA COMTESSE.
Qu'entends-je? et quel mystère!
O soudaine lumière!
Qui malgré moi m'éclaire
Et me fait tressaillir!
De surprise muette
Je reste stupéfaite!
(*A Charlotte.*)
Que rien ne vous arrête,
Je veux tout découvrir!
CHARLOTTE.
Eh bien! vous saurez tout, madame la comtesse.
(*Montrant M*me *Barnek.*)
La noble dame que voilà
Au théâtre a gagné ses quartiers le noblesse
O ciel!
TOUS.

CHARLOTTE.
Et comme moi sa séduisante nièce,
Avant d'être duchesse, était prima donna!
LA COMTESSE.
Vit-on jamais d'affront pareil à celui-là!
(*Avec force.*)
Un tel hymen est un outrage...
Nous ne pouvons l'accepter sans rougir.
Le roi doit s'opposer à votre mariage!
Nous l'en supplierons tous...
LE DUC, *montrant le papier qu'il tient à la main*
Il vient d'y consentir!
(*A M*me *Barnek.*)
Tenez, portez à votre nièce
Cet écrit qui contient sa royale promesse.
(*Souriant.*)
Pour cet hymen je crois qu'il ne manque plus rien
Que mon consentement...
CHARLOTTE, *à demi-voix.*
Et peut-être le mien!..
ENSEMBLE.
LA COMTESSE.
Jamais, jamais! ce mariage
N'aura l'aveu de votre sœur!
Jamais, jamais! d'un tel outrage
Je n'oublierai le déshonneur!
LE DUC.
Pour nous, ce n'est point un outrage.
Calmez, calmez votre fureur;
J'espère qu'à ce mariage
Bientôt consentira ma sœur.
FORTUNATUS *et* Mme BARNEK, *montrant la comtesse.*
Voyez!.. voyez! quelle est sa rage!
Rien ne saurait fléchir son cœur!
(*Montrant Charlotte.*)
Et c'est pourtant son bavardage
Qui vient d'exciter sa fureur!
CHARLOTTE.
Voyez! voyez quelle est leur rage!
Pour moi, j'en ris au fond du cœur!
De tout ce bruit, de ce tapage,
C'est pourtant moi qui suis l'auteur
LE DUC, *à la comtesse.*
Cette colère opiniâtre
Se calmera...
Mme BARNEK, *s'approchant de la comtesse.*
Sans doute!
LA COMTESSE, *avec mépris.*
Eloignez-vous!
Une baronne de théâtre!
CHARLOTTE, *s'approchant de M*me *Barnek.*
Voyez pourtant ce que c'est que de nous!
Mme BARNEK, *avec mépris.*
Laissez-moi! laissez-moi! redoutez mon courroux.
ENSEMBLE.
LA COMTESSE.
Jamais, jamais! ce mariage
N'aura l'aveu de votre sœur;
Jamais, jamais! d'un tel outrage
Je n'oublierai le déshonneur!
LE DUC.
Pour vous ce n'est point un outrage,
Calmez, calmez votre fureur;
J'espère qu'à ce mariage
Bientôt consentira ma sœur.
FORTUNATUS *et* Mme BARNEK, *montrant la comtesse.*
Voyez!.. voyez quelle est sa rage!
Rien ne saurait fléchir son cœur!
(*Montrant Charlotte.*)
Et c'est pourtant son bavardage
Qui vient d'exciter sa fureur.
CHARLOTTE.
Voyez, voyez quelle est leur rage!

Pour moi, j'en ris au fond du sœur !
De tout ce bruit, de ce tapage,
C'est pourtant moi qui suis l'auteur !

(La comtesse sort par la droite avec le duc qui cherche à l'apaiser ; Fortunatus et Charlotte vont pour sortir par le fond au moment où paraît Bénédict.)

FORTUNATUS. Tu viens, mon pauvre garçon, pour ton bénéfice?

BÉNÉDICT. Oui, pour offrir une loge à monseigneur l'ambassadeur...

CHARLOTTE. Monseigneur est mal disposé... vous n'aurez pas bon accueil, mon cher Bénédict, mais adressez-vous à sa tante, à Mme la baronne.

BÉNÉDICT, *s'approchant.* Quoi ! Mme Barnek !

Mme BARNEK, *le reconnaissant.* Encore un comédien ! mais on ne voit donc que cela aujourd'hui !.. Votre servante, mon cher, je n'ai pas le loisir de vous écouter, et je vous salue.

(Elle sort par la porte à gauche.)

CHARLOTTE, *montrant Mme Barnek.* La tante est étourdissante de majesté !

(Elle sort en riant, avec Fortunatus, par la porte du fond.)

SCÈNE VII.
BÉNÉDICT, seul.

Elle n'a pas le loisir de reconnaître ses anciens amis... et sans doute, tous ceux qui demeurent ici seraient comme elle.... Ça m'a fait effet... quand je suis entré dans ce bel hôtel, quand j'ai demandé au suisse : M. l'ambassadeur y est-il? — Oui. Et j'ai hésité, j'ai tremblé de tous mes membres en ajoutant : — Et Mme l'ambassadrice?.. — Elle y est ; mais elle n'est pas visible. — Et ça m'a donné un peu de cœur... et je me suis dit : Je ne crains rien, je ne la verrai pas!.... Car si le malheur avait voulu que je l'eusse rencontrée.. je ne sais pas ce que je serais devenu... (*Apercevant Henriette.*) Ah ! mon Dieu ! c'est fait de moi !

SCÈNE VIII.
HENRIETTE, BÉNÉDICT.

HENRIETTE, *entrant avec joie.* Cette permission du roi, que vient de me remettre ma tante, c'est donc vrai!... il n'y a donc plus d'obstacle !...

BÉNÉDICT, *à part.* Si je pouvais m'en aller sans être vu !

(Il heurte un fauteuil.)

HENRIETTE, *se retournant et l'apercevant.* Bénédict !!

DUO.

BÉNÉDICT, *timidement*
Oui... c'est moi qui viens ici,
Madame l'ambassadrice,

Offrir pour mon bénéfice
Une loge que voici.

HENRIETTE.
Ah ! si je puis aujourd'hui
Vous servir de protectrice,
Je rends grâce au sort propice,
Qui m'offre un ancien ami.

BÉNÉDICT.
De cet ami, malgré votre opulence,
Le nom n'est donc pas effacé?

HENRIETTE.
Ah ! dans ces lieux, votre seule présence
Me rend tout mon bonheur passé !

ENSEMBLE.
De l'aurore de notre vie
Comment perdre le souvenir?
Je le sens, jamais on n'oublie
Premiers chagrins, premiers plaisirs !

HENRIETTE.
Je vois encor l'humble mansarde
Où nous répétions tous les deux !

BÉNÉDICT.
Où parfois, sans y prendre garde,

HENRIETTE.
Nous chantions faux à qui mieux mieux !
Et cette sérénade
Que me donnait un camarade?

BÉNÉDICT.
Quoi ! vous n'avez rien oublié?

HENRIETTE.
Non, non, je n'ai rien oublié,
Ni les succès, ni l'amitié.

ENSEMBLE.
De l'aurore de notre vie
Comment perdre les souvenirs ?
Je le sens, jamais on n'oublie
Premiers chagrins, premiers plaisirs !

HENRIETTE, *gaîment.*
Et puis, comme aux moindres caprices..

BÉNÉDICT.
On était vite à vos genoux !

HENRIETTE.
Et puis le soir dans les coulisses...

BÉNÉDICT.
Joyeux propos et billets doux.

HENRIETTE.
Sans or et sans richesse aucune...

BÉNÉDICT.
Toujours gais et de bonne humeur !

HENRIETTE.
Tout en attendant la fortune...

BÉNÉDICT.
On avait déjà le bonheur !

ENSEMBLE.
Ah ! le bon temps !
Quels doux instans !
Ah ! qu'on est bien
Quand on n'a rien !
Ah ! l'heureux temps que celui-là !
Toujours mon cœur s'en souviendra !

BÉNÉDICT.
D'abord comme la salle entière...

HENRIETTE.
En silence nous écoutait !

BÉNÉDICT.
Et quand s'élançait du parterre...

HENRIETTE.
Un bravo qui nous enivrait !

BÉNÉDICT.
Et lorsque pleuvaient sur la scène.

HENRIETTE.
Les bouquets aux mille couleurs.

BÉNÉDICT.
Ah! ces jours-là vous étiez reine...
HENRIETTE.
Avec ma couronne de fleurs!
ENSEMBLE.
Ah! le bon temps!
Quels doux instans! etc.
BÉNÉDICT.
Et vous rappelez-vous encore?...
A peine le rideau tombait,
L'écho de la salle sonore,
De votre nom retentissait...
C'est vous... c'est vous qu'on demandait!
HENRIETTE.
C'est vrai!.. c'est vrai!..
BÉNÉDICT.
Devant le public idolâtre,
C'est moi... moi qui sur le théâtre
(*Lui prenant la main.*)
Vous ramenais ainsi!.. je tenais votre main
Que dans mon transport soudain
Malgré moi je serrais... ainsi!
HENRIETTE, *retirant sa main.*
Bénédict!..
BÉNÉDICT.
Ah! pardon, j'oubliais qu'aujourd'hui...
(*Reprise de la première phrase du duo.*)
Aujourd'hui, je viens ici,
Madame l'ambassadrice,
Offrir pour mon bénéfice,
La loge que voici.
ENSEMBLE.
BÉNÉDICT, *la lui donnant.*
La voici! la voici!
HENRIETTE, *avec émotion et prenant le coupon de loge.*
Merci, Bénédict, merci!

Ainsi donc, Bénédict... vous avez un bénéfice?..

BÉNÉDICT. Oui, madame... qu'on me devait depuis long-temps... depuis Vienne.

HENRIETTE. Où vous avez eu de grands succès?

BÉNÉDICT. A ce qu'ils disent.... et alors M. Fortunatus a doublé mes appointemens.

HENRIETTE. Ah! tant mieux! vous êtes donc heureux?

BÉNÉDICT. Non, madame... mais je suis riche.

HENRIETTE. Et nos anciens amis, et Charlotte?

BÉNÉDICT. Ah! celle-là, elle est au pinacle!.. elle a eu, à Vienne, un succès de rage... Tous les soirs, des vers... des bouquets et des bravos... tous les journaux retentissaient de ses éloges... il n'était question que d'elle... comme de vous autrefois!

HENRIETTE. Oh! moi... l'on n'en parle plus!

BÉNÉDICT. C'est ce que je me disais: C'est étonnant... on ne parle donc pas des duchesses!... tandis que Charlotte la cantatrice... et puis... ce n'est rien encore... Là-bas, à Vienne, elle avait tourné toutes les têtes... c'était à qui lui ferait la cour.

M. le duc, votre mari, a dû vous le dire.

HENRIETTE. Non, vraiment, il ne m'a rien dit.

BÉNÉDICT. Ah!.. c'est différent!... tous les grands seigneurs étaient à ses pieds... Ces nobles d'Allemagne, si fiers et si hautains, se disputaient à qui serait reçu chez elle... à qui l'entourerait de soins et d'hommages... Enfin, tout comme vous... dans votre temps... avant votre bonheur.

HENRIETTE, *à part.* Oui, vraiment.

BÉNÉDICT. Mais vous avez un si bel emploi maintenant... je veux dire un si bel état! Et puis, tant d'éclat... tant d'estime... tant de considération surtout.

HENRIETTE. Silence!.. c'est la sœur de mon mari.

SCÈNE IX.

BÉNÉDICT, HENRIETTE, LA COMTESSE.

LA COMTESSE, *s'avançant gravement près d'Henriette.* Mademoiselle... vous savez que le roi, par une faiblesse que le respect m'empêche de qualifier, a consenti à approuver une union...

HENRIETTE. J'ai lu la lettre de sa majesté.

LA COMTESSE. Ou plutôt une mésalliance dont, pour l'honneur de la famille, nous sommes tous indignés!

HENRIETTE. Madame... (*montrant Bénédict*) il y a ici un étranger...

LA COMTESSE. Ce que je dis... je le dirais devant tout le monde... J'avais déclaré à mon frère qu'aucun pouvoir ne me forcerait à vous reconnaître, et je parlais au nom de tous nos parens... qui viennent de protester.

HENRIETTE, *à part.* Qu'entends-je? ah! quelle humiliation! (*regardant Bénédict*) et devant lui encore!

LA COMTESSE. Mais, vaincue par les prières et les supplications de M. le duc, qui, après tout, est le chef de la famille, je lui ai promis de venir vous trouver, et voici les concessions que je puis me permettre... Je ne m'oppose plus à ce mariage, puisqu'il n'y a pas moyen de faire autrement... je consens même à vous voir ici, chez mon frère... ou chez moi, le matin... le matin seulement.

BÉNÉDICT. Eh bien! par exemple!..

HENRIETTE, *lui faisant signe de se taire.* Bénédict...

LA COMTESSE. C'est vous dire assez que le soir, en public, et à l'Opéra, il n'est pas convenable que l'on nous voie ensemble... Voici deux loges que le signor Fortunatus vient d'envoyer... vous êtes ici chez vous... choisissez.

HENRIETTE, *défaisant une des enveloppes.* Le choix sera facile... la belle loge à la grande dame... l'autre à l'humble artiste.

BÉNÉDICT. L'humble artiste !.. elle qui, à Munich, était respectée et honorée... elle !.. que les grandes dames étaient trop heureuses d'avoir dans leurs salons.

HENRIETTE, *voulant l'arrêter.* Silence !

BÉNÉDICT. Elle à qui le roi lui-même est venu faire des complimens, après une pièce nouvelle !

LA COMTESSE, *le toisant de la tête aux pieds.* Quel est cet homme ?

BÉNÉDICT, *avec fierté.* Bénédict, premier ténor...

LA COMTESSE. Un chanteur ici !.. sortez !

HENRIETTE. Bénédict, restez. (*A la comtesse.*) Madame, par égard pour M. le duc de Valberg, que j'aime, et dont je suis tendrement aimée, j'ai dû consentir à cacher la vérité à tout le monde, et à vous-même, jusqu'à l'adhésion du prince à notre mariage ; mais maintenant que je n'ai plus de semblables ménagemens à garder, je puis avouer avec orgueil ce que j'étais quand votre frère m'a offert sa main.

BÉNÉDICT. Très-bien !

HENRIETTE, *avec hauteur.* Quant aux discours que je viens d'entendre, je ne les supporterai pas davantage... je suis duchesse de Valberg, madame, femme de l'ambassadeur, votre frère, et je prouverai que je suis digne de mon titre et de mon rang en ne souffrant plus qu'on les oublie devant moi.

LA COMTESSE. C'est d'une audace !

HENRIETTE, *lui faisant une révérence.* Je ne vous retiens plus, madame.

(*La comtesse sort en faisant un signe de colère.*)

SCENE X.
BÉNÉDICT, HENRIETTE.

BÉNÉDICT, *regardant sortir la comtesse.* Bravo ! c'est bien... aussi bien que si vous le lui aviez dit en musique. (*Voyant qu'Henriette s'est assise et pleure.*) Eh ! mais qu'avez-vous donc, vous pleurez ?

HENRIETTE, *avec une vive émotion.* Ah ! mon Dieu ! que cette scène m'a fait mal !

BÉNÉDICT. Moi qui la croyais si heureuse !

HENRIETTE. Est-ce donc là le sort qui m'attend ? Est-ce pour de pareils outrages que j'ai échangé mon indépendance, que j'ai renoncé à cet art, à ce talent qui faisaient ma gloire et mon bonheur ?

BÉNÉDICT. Vous qui aviez chez nous les honneurs, la fortune et l'amitié, car nous vous aimions tous... je ne parle pas de moi, c'est tout simple... mais les autres... il n'y a pas de jours où l'on ne pense à vous, où l'on ne dise : Cette pauvre Henriette ! qu'elle était bonne ! qu'elle était aimable ! qu'elle avait de talens, avant d'être duchesse.

HENRIETTE. Ah ! duchesse... je n'y tiens pas... mais du moins, son amour me reste, et me tiendra lieu de tout... car tant qu'il m'aimera, Bénédict, je ne regretterai rien.

BÉNÉDICT, *secouant la tête.* Certainement, tant qu'il vous aimera... mais ces grands seigneurs, ça aime tous les succès, toutes les renommées.

HENRIETTE. Que voulez-vous dire ?

BÉNÉDICT. Oh ! rien. On ne peut pas empêcher les propos, quelque absurdes qu'ils soient... et on a prétendu, à Vienne, comme si c'était possible, qu'un instant séduit par les triomphes de Charlotte...

HENRIETTE. Qui ? M. le duc ?

BÉNÉDICT. Je n'ai pas dit cela... je ne l'ai pas dit.

HENRIETTE. Et vous avez raison, il ne me tromperait pas, lui... c'est impossible... (*à part*) et pourtant, cette légèreté dont me parlait ma sœur... son embarras, ce matin, quand on a prononcé le nom de Charlotte... ah ! j'irai ce soir au spectacle... le duc y sera aussi. (*Décachetant l'enveloppe de la lettre.*) Si de cette loge... j'examinerai. (*Regardant le papier qui est sous l'enveloppe.*) Ah ! mon Dieu ! ce n'est point un coupon de loge, c'est une lettre, une lettre de Charlotte ! c'est son écriture. « Non, M. le duc, vous ne trouverez » point ici la loge grillée que Fortunatus » vous envoyait, et que j'ai prise. Je vous » ai demandé, ce matin, une audience, et » vous n'avez pas voulu m'accorder... il » n'en était pas de même à Vienne. »

BÉNÉDICT. C'est assez clair.

HENRIETTE. « J'ai une pétition à vous pré- » senter, et vous aurez la bonté de me rece- » voir et de m'écouter dans votre loge » grillée, qui est aujourd'hui la mienne, » sinon, c'est à Henriette que je m'adresse- » rai... et l'explication que j'aurai avec » elle sera moins amusante que celle de » ce matin avec sa respectable tante. » (*Avec douleur.*) Ah ! plus de doute maintenant... moi qui avais en lui tant d'amour, tant de confiance ! c'est affreux !

SCENE XI.

Les Mêmes, FORTUNATUS.

TRIO.

FORTUNATUS.
Ze souis rouiné... ze souis perdu !
Mon savoir-faire est confondu !

BÉNÉDICT *et* HENRIETTE.
Eh ! mais quelle fureur vous guide ?

FORTUNATUS.
Ah ! ze souis, vi pouvez le voir,
Dans un état de désespoir
Presque voisin du suicide !

BÉNÉDICT *et* HENRIETTE.
Qu'avez-vous donc ?

FORTUNATUS.
Je viens pour prévenir,
Monsieur l'ambassadeur et sa charmante épouse...
Le spectacle annoncé, ce soir ne peut tenir,
Ze le change.

BÉNÉDICT *et* HENRIETTE.
Pourquoi ?

FORTUNATUS.
La fortune zalouse
Vient d'envoyer un rhume à ma prima donna !
Elle me le faire dire !

BÉNÉDICT, *bas à Henriette.*
Ah ! je comprends cela !
Et c'est une ruse entre nous,

HENRIETTE, *de même.*
Pour se trouver au rendez-vous.

ENSEMBLE.

FORTUNATUS.
Fortune dont la main m'accable,
Adoucis pour moi ta rigueur
Et jette un regard secourable
Sur un malheureux directeur !

HENRIETTE.
Forfait dont la preuve m'accable
Et qui détruit tout mon bonheur !
Je saurai punir le coupable
De l'outrage fait à mon cœur !

BÉNÉDICT.
La trahison est véritable,
Tous deux outrageaient votre cœur,
Vous devez punir le coupable,
Vous devez venger votre honneur.

FORTUNATUS, *au désespoir.*
Le sultan Misapouf, chef-d'œuvre des plus beaux,
Qui faisait par la foule envahir nos bureaux !
Ne sera pas donné !

BÉNÉDICT.
Calmez-vous, je vous prie !

FORTUNATUS.
M'enlever ma recette !... ah ! c'est m'ôter la vie !

HENRIETTE, *s'asseyant près de la table et remettant la lettre dans la première enveloppe qu'elle recachète.*
Rendons-lui, je le doi,
Ce billet .. qui n'est pas pour moi.

FORTUNATUS.
Ze vais changer l'affiche... et de rage ulcéré,
Leur donner du Mozart aux doublures livré !

HENRIETTE, *à un domestique, à qui elle remet la lettre.*
Ce billet pour monseigneur
L'ambassadeur.

FORTUNATUS.
Ah ! quel malheur ! ah ! quelle perte !
Je vois d'ici les bancs de ma salle déserte ;
Je compte avec effroi les rares spectateurs,
Bien moins nombreux ! hélas ! que mes acteurs !

ENSEMBLE.

FORTUNATUS.
Fortune dont la main m'accable,
Adoucis pour moi ta rigueur
Et jette un regard secourable,
Sur un malheureux directeur.

HENRIETTE.
Forfait dont la preuve m'accable
Et qui détruit tout mon bonheur.
Je saurai punir le coupable
De l'outrage fait à mon cœur !

BÉNÉDICT.
La trahison est véritable,
Tous deux outrageaient votre cœur,
Vous devez punir le coupable,
Vous devez venger votre honneur.

HENRIETTE, *à part et réfléchissant.*
C'est mon talent qui faisait ma puissance,
En le perdant j'ai perdu tous mes droits,
Et chaque jour il faudrait, je le vois,
Gémir de sa froideur ou de son inconstance..
Non, non, le dessein en est pris,
Je saurai me soustraire à de pareils mépris...

FORTUNATUS, *saluant.*
Adieu donc !

HENRIETTE, *le retenant.*
Arrêtez !

FORTUNATUS.
Que veut son excellence ?

HENRIETTE, *lentement et réfléchissant.*
Donnez ce soir votre opéra...

FORTUNATUS.
Par quel moyen ?

HENRIETTE.
Le ciel l'inspirera.

ENSEMBLE.

FORTUNATUS.
Une douce espérance
Fait palpiter mon cœur,
D'une recette immense
J'entrevois le bonheur !
Ah ! oui, j'aime à le croire,
O jours tant désirés
De fortune et de gloire,
Pour moi vous reviendrez.

HENRIETTE.
Une noble vengeance
Vient enflammer mon cœur !
Punissons qui m'offense
En retrouvant l'honneur !
A lui seul je dois croire,
Beaux jours tant desirés,
Jours d'ivresse et de gloire,
Pour moi vous reviendrez !

BÉNÉDICT.
Une noble vengeance
Vient enflammer son cœur !
Punissez leur offense,
Et vengez votre honneur !
A lui seul il faut croire.
Momens si desirés,
Jours d'ivresse et de gloire,
Enfin vous reviendrez !

FORTUNATUS, *à Henriette.*
Quel est votre dessein ?

HENRIETTE.
Du secret !
(*A Bénédict.*)
Du silence.

FORTUNATUS.
J'en frémis de bonheur !

BÉNÉDICT.
Je tremble d'espérance !
HENRIETTE.
O vous, mes seuls amis, je me fie à vous deux !..
Venez, venez, sans bruit quittons ces lieux !
ENSEMBLE.
HENRIETTE.
Une noble vengeance
Vient enflammer mon cœur!
Punissons qui m'offense
En retrouvant l'honneur !
A lui seul je veux croire.
Beaux jours que j'ai perdus,
Jours d'ivresse et de gloire,
Vous voilà revenus !
BÉNÉDICT et FORTUNATUS.
Une noble vengeance
Vient enflammer son cœur!
Je tremble d'espérance!
Je tremble de bonheur !
Marchons à la victoire !
Beaux jours qu'elle a perdus,
Jours d'ivresse et de gloire,
Vous voilà revenus !
(Ils sortent tous trois par la porte du fond.)

ACTE III.

Le théâtre représente l'intérieur d'une loge grillée. Petite décoration d'un plan. Au fond, l'ouverture de la loge fermée par des stores. Quand les stores sont levés, on aperçoit, au fond, le haut des décorations du théâtre, que l'on est censé voir de la loge où se passe cet acte. Petites portes latérales : celle de droite donne sur le théâtre, celle de gauche dans la salle.

SCENE PREMIERE.

CHARLOTTE, *seule, enveloppée d'une mante rabattue sur les yeux, et entrant par la petite porte du théâtre.*

Personne ne m'a vue! me voici dans la loge grillée de monsieur le duc ! et m'y voici incognito... non pas que je ne sois rassurée par ma conscience et par le motif qui m'amène; mais on est si méchant au théâtre, et puis ils sont tous si jaloux de moi ! parce que j'ai du talent, de la figure... Quels propos on ferait au foyer si l'on me savait ici ! « — Avez-vous vu » Charlotte ? — Non. — Elle est dans la » petite loge de l'ambassadeur. — Bah ! » en tête-à-tête ? — Précisément. — Ah ! » c'est une inconvenance qui n'est pas » permise... » Avec ça, qu'elles ne s'en permettent pas , mes camarades; mais, moi , je suis trop bonne, je vois tout et je ne dis rien, pas même que la seconde chanteuse a deux amans, et que la troisième n'en trouve plus. (*Allant près de la loge grillée du fond.*) Ah ! mon Dieu ! voilà qu'on arrive dans la salle, on allume les rampes... tout le monde doit être sur le théâtre ; heureusement je m'y suis prise de bonne heure, et sans rencontrer personne; j'ai pu entrer par cette porte dérobée qui donne sur la scène. (*Examinant la loge.*) Quel luxe ! quelle élégance ! c'est drôle, tout de même... une loge grillée... vue à l'intérieur!

PREMIER COUPLET.
Que ces murs coquets,
S'ils n'étaient discrets,
Que ces murs coquets
Diraient de secrets!..
La grille légère
Dérobe avec art
Plus d'un doux mystère,
Plus d'un doux regard !
La pièce commence,
On risque un aveu ;
Mais l'ouvrage avance,
On s'avance un peu !..
Puis, sans qu'on approuve
Un hardi dessein,
Une main se trouve
Dans une autre main !
Ah ! ah ! ah !
Que ces murs coquets,
S'ils n'étaient discrets,
Que ces murs coquets
Diraient de secrets!..

DEUXIÈME COUPLET.
« — Ah ! de ma tendresse
» Écoutez les vœux !..
» — J'écoute la pièce,
» Cela vaut bien mieux ! »
Mais la mélodie
A tant de douceur!
L'oreille ravie
Est si près du cœur !
La beauté sauvage
S'émeut, et bientôt
L'on maudit l'ouvrage
Qui finit trop tôt !
Ah ! ah ! ah !
Que ces murs coquets,
S'ils n'étaient discrets,
Que ces murs coquets
Diraient de secrets.

SCENE II.
CHARLOTTE, LE DUC.

CHARLOTTE. Ah ! vous voilà enfin, monsieur le duc!
LE DUC. Oui, mademoiselle ; je suis entré par la porte de la salle. (*A part.*) Où Henriette n'est pas encore arrivée !
CHARLOTTE, *riant.* Quand je vous disais, monseigneur, que j'aurais mon audience!
LE DUC. Il l'a bien fallu !.. après ce qui

s'est passé ce matin!.. avec une tête comme cela, on est capable de tout.

CHARLOTTE, *riant*. Même de la perdre pour être agréable à monseigneur... c'est du moins ce que voulait son excellence... il y a un mois, à Vienne!

LE DUC, *contrarié*. Ne parlons plus de cela, Charlotte; je fus un instant bien fou, bien étourdi.

CHARLOTTE. Certainement!.. m'avoir laissé croire que votre amour pour Henriette n'existait plus...

LE DUC. J'eus tort, j'en conviens.... je fus entraîné!.. charmé, malgré moi, par des talens, des grâces, des succès, qui me rappelaient ceux que j'adorais dans Henriette.

CHARLOTTE. Et monseigneur voulut me séduire par amour pour une autre.

LE DUC. Pas précisément!..

CHARLOTTE. Tenez, monsieur le duc, je me suis souvent que ce que vous aimez en nous, vous autres grands seigneurs, c'était moins la femme que l'actrice... vous adorez chaque soir Ninette, Desdemone; mais, par malheur, votre passion finit souvent avec la pièce, et la plus grande artiste du monde ne sera pas plus aimée qu'une femme ordinaire le jour où, comme Henriette, elle descendra du trône... Eh! mais Dieu me pardonne, je crois qu'il ne m'écoute pas!

LE DUC, *avec distraction*. Si vraiment, j'admirais votre raison.

CHARLOTTE. Ecoutez donc, on ne peut pas toujours être folle, quand ce ne serait que pour changer.

LE DUC. Sans doute, Charlotte; mais l'objet de votre demande... car vous en aviez une à me faire...

CHARLOTTE. Oui, j'ai besoin de votre crédit... vous m'aviez promis à Vienne un dévouement éternel...

LE DUC, *embarrassé*. C'est-à-dire, Charlotte...

CHARLOTTE. Comment, monsieur? est-ce que vous l'auriez oublié?

LE DUC. Non vraiment... mais c'est que....

CHARLOTTE, *avec malice*. C'est qu'on est sujet à manquer de mémoire parmi nous autres comédiens...

LE DUC, *avec fierté*. Vous parlez de vous....

CHARLOTTE. De vous aussi, messieurs les diplomates... Le théâtre est plus grand... voilà tout... nous jouons le soir, et vous toute la journée... voilà la différence... Si bien que vous m'avez dit: Charlotte... disposez de moi... de mon crédit...

LE DUC. Et je le dis encore...

CHARLOTTE. A la bonne heure.... je vous reconnais... Et, comme vous êtes tout-puissant auprès du roi... il s'agit seulement, et à ma recommandation, de faire un colonel.

LE DUC. Y pensez-vous?

CHARLOTTE. Quelqu'un qui a des droits... un jeune homme charmant...

LE DUC. Que vous protégez?

CHARLOTTE, *riant*. Vous le voyez bien.

LE DUC. Que vous aimez peut-être?..

CHARLOTTE. Et quand il serait vrai.... si je veux me marier aussi!.. Fallait-il donc rester insensible, et garder toujours son cœur ici... à Berlin, pour qui?.. pour le roi de...? Ah! ma foi non... Ainsi, monsieur, quant à mon protégé... je vais vous conter cela, nous avons le temps!

LE DUC, *avec embarras*. Non, Charlotte, non!.. en restant ici... plus long-temps... je craindrais...

CHARLOTTE. Pour vous... monseigneur?

LE DUC. Pour vous.... Charlotte.... le spectacle va commencer, et vous chantez ce soir.

CHARLOTTE. Ne craignez rien, je me suis arrangée... un enrouement tout exprès à votre intention, et ce qui m'étonne c'est qu'on n'ait pas encore changé le spectacle... on donne toujours le sultan Mizapouf.... (*Vivement.*) Je vois ce que c'est... pour ne pas perdre la recette, on a laissé l'affiche; on fera une annonce, et ce sera la troisième chanteuse, la petite Angéla, qui dira mon rôle.

LE DUC. Mais cela va causer un tapage!..

CHARLOTTE. Je l'espère bien!.. et nous l'entendrons d'ici, en loge grillée, c'est délicieux! et puis Angéla est une bonne enfant, que j'aime bien... mais elle sera mauvaise! ah! ce sera amusant! vous verrez!

LE DUC, *à part*. C'est singulier... elle ne m'a jamais paru si jolie. (*Haut.*) Il est donc vrai, Charlotte, que vous allez vous marier, sans hésiter, sans réfléchir?

CHARLOTTE. Si on réfléchissait, on ne se marierait jamais.

LE DUC, *soupirant*. Ah! il est bien heureux.

CHARLOTTE. Qui? le colonel.

LE DUC. Il ne l'est pas encore.

CHARLOTTE. C'est tout comme, vous l'avez promis.

LE DUC. Je n'ai rien dit.

CHARLOTTE. Oh c'est convenu, ou si non....

DUO.

CHARLOTTE.
Je m'en vais
Pour jamais.
A vous fuir je mets ma gloire,
Et je pars : laissez-moi,
Non, je n'ai plus de mémoire.
Voyez pourtant,
Voyez comment
On veut toujours ce qu'on défend.

LE DUC.
Non, vraiment,
Un instant,
A me fuir tu mets la gloire;
Non, ma foi,
Souviens-toi,
Ah! tu n'as plus de mémoire.
Jamais son œil vif et piquant
N'eut plus d'attraits qu'en ce moment.

CHARLOTTE.
Allons, finissez, ou sinon...

LE DUC.
Crier ainsi...

CHARLOTTE.
Mais il le faut.

LE DUC.
Vit-on jamais crier si haut?

CHARLOTTE.
Finissez, ou sinon
Je m'en vais, etc.

LE DUC.
Il faut franchement qu'on s'explique,
C'est héroïque.
Servir un rival!

CHARLOTTE.
C'est très-bien!

LE DUC.
Mais en ce monde, rien pour rien.

CHARLOTTE.
Monsieur est toujours diplomate?

LE DUC.
Je suis généreux.

CHARLOTTE.
J'entends bien.

LE DUC.
Mais vous...

CHARLOTTE.
Moi, je suis très-ingrate!

LE DUC.
Rien qu'un baiser, je vous prie...

CHARLOTTE.
Non, non, de vous je me défie...
Et puis, le monde en parlera!

LE DUC.
Le monde! et qui donc le saura?

CHARLOTTE, *riant.*
Voyez donc comme il s'humanise!

LE DUC, *voulant l'embrasser.*
Je brave tout en cet instant!

CHARLOTTE, *riant.*
Vous ne craignez plus qu'on médise?

LE DUC.
Rien qu'un baiser!

CHARLOTTE.
Non, pas en ce moment.
Monseigneur, votre femme attend!
(*On entend un grand bruit au fond, accompagnant le chœur suivant.*)

CHOEUR.
LES SPECTATEURS, *dans la salle.*
La pièce! la pièce!
C'est attendre assez.
La pièce! la pièce!
Allons, qu'on se presse!
Allons, commencez!

CHARLOTTE, *au duc.*
Écoutez! écoutez! silence!
Nous allons rire, ça commence!

LE DUC.
Rire de quoi?

CHARLOTTE.
Mais du début,
Et de l'annonce qu'on va faire!
De Bénédict c'est l'attribut;
Et le public, qui gronde et menace,
Pauvre garçon! va bien le recevoir
En apprenant, ce soir,
Quelle est celle qui me remplace.

CHOEUR, *au fond.*
La pièce! la pièce!
Allons, paraissez!
La pièce! la pièce!
Allons, qu'on se presse!
Allons, commencez!

(*Le duc et Charlotte s'approchent du fond pour écouter. Le duc baisse les stores et l'on voit Bénédict haranguer le public.*)

BÉNÉDICT, *au fond, parlant sur la ritournelle.* « Messieurs, Mlle Charlotte se trouvant subitement indisposée... »

PREMIER CHOEUR.
A bas! à bas!

AUTRE CHOEUR.
Écoutez, silence!

BÉNÉDICT, *de même, parlant.* « On vous prie d'agréer, pour la remplacer... »

PREMIER CHOEUR.
A bas! à bas!
Nous n'en voulons pas!

AUTRE CHOEUR.
Laissez parler! faites silence!

BÉNÉDICT, *répétant, et continuant.* « On vous prie d'agréer, pour la remplacer... »

PREMIER CHOEUR.
A bas! à bas!
Nous n'en voulons pas!

AUTRE CHOEUR.
Écoutez silence! silence!

UN PLAISANT, *du parterre.*
Laissez donc parler l'orateur!

UN PLAISANT, *du paradis.*
Un chanteur n'est pas orateur!

FOULE DE PLAISANS.
Qu'il parle ou qu'il chante,
Qu'il parle ou qu'il chante!

CHARLOTTE, *au duc.*
Ah! vraiment, la scène est charmante!

BÉNÉDICT, *répétant, et continuant.* « On vous prie d'agréer, pour la remplacer, une célèbre cantatrice qui arrive de Paris. »

CHOEUR GÉNÉRAL.
Bravo! bravo!
C'est du nouveau!

CHARLOTTE *et* **LE DUC.**
Que dit-il? une autre chanteuse!

CHARLOTTE, *furieuse.*
Ah! vraiment, voilà du nouveau!
C'est affreux!.. je suis furieuse!

REPRISE DU CHOEUR, *au fond.*
La pièce! la pièce!
Nous sommes pressés!
La pièce! la pièce!

Allons, qu'on se presse!
Allons, commencez!

(*Le duc relève les stores de la loge.*)

CHARLOTTE Ah! par exemple! une nouvelle débutante qui arrive de Paris, c'est ce que nous allons voir. Mais par où sortir maintenant? du monde sur le théâtre, le public dans la salle... n'importe, je préfère encore la salle au théâtre, on y est moins mauvaise langue.

(*Elle va pour sortir.*)

LE DUC, *l'arrêtant et se moquant d'elle.* Que faites-vous, Charlotte? Si l'on vous voit sortir de ma loge, que dira-t-on?

CHARLOTTE. On dira tout ce qu'on voudra, monseigneur, mais je ne laisserai certainement pas débuter dans mon emploi; la nouvelle venue n'aurait qu'à avoir du talent.

LE DUC, *l'arrêtant.* Arrêtez, Charlotte, arrêtez, je vous en prie.

(On frappe à la porte de la loge.)

CHARLOTTE. On vient.

LE DUC, *très-ému.* J'espère bien qu'on n'ouvrira pas.

CHARLOTTE. Ecoutez... on met la clef dans la serrure.

LE DUC. Ah! mon Dieu! la porte s'ouvre!

CHARLOTTE. On entre... c'est Mme Barnek.

LE DUC, *avec embarras.* La tante d'Henriette... que lui dire?

SCÈNE III.

LES MÊMES, Mme BARNEK, *entrant*.

(Charlotte, assise au fond, tourne le dos et se tient à l'écart.)

Mme BARNEK. C'est moi, monseigneur, c'est moi; on ne voulait pas m'ouvrir votre loge; on avait même avec moi un petit air de mystère; par bonheur, j'ai rencontré une ouvreuse de loges de Munich, qui m'a reconnue, Mme Frédéric, une brave et digne femme qui a presque fait sa fortune en petits bancs; je lui ai appris que c'était la loge de mon neveu l'ambassadeur. — Est-il possible? — Et j'ai été obligée de lui conter comme quoi j'étais votre tante; je lui ai dit que je la protégerais, que ma porte ne lui serait jamais fermé, ce qui fait qu'elle m'a ouvert celle de cette loge.

LE DUC, *avec embarras.* Fort bien, madame... et qui vous amène?

Mme DE BARNEK. Une nouvelle, monseigneur, une nouvelle fort extraordinaire: j'ai perdu ma nièce.

LE DUC. Comment? que voulez-vous dire?

Mme BARNEK, *toujours sans voir Charlotte.* Je veux dire que je ne sais plus ce qu'est devenue cette chère enfant; je l'ai cherchée dans tout l'hôtel; pas plus d'Henriette que si elle avait été enlevée.

LE DUC. Enlevée?

Mme BARNEK. Alors je suis accourue à votre loge des premières.. je me suis trouvée face à face avec Mme la comtesse, votre sœur, qui m'a dit d'un air fier: « Elle n'est pas » avec moi, je vous prie de le croire; voyez » aux baignoires, loge de l'avant-scène, » n°1; c'est là qu'elle doit être avec M. le » duc; » et elle a dit vrai... (*Apercevant Charlotte qui a le dos tourné.*) La voici, cette chère Henriette.

CHARLOTTE, *se détournant.* Pas précisément, madame Barnek.

Mme BARNEK. Qu'est-ce que je vois là?.. Mlle Charlotte, ici! en tête-à-tête avec M. le duc!

CHARLOTTE. Eh bien! où est le mal?

Mme BARNEK. Je le dirai à ma nièce.

LE DUC, *voulant l'apaiser.* Madame Barnek, y pensez-vous?

Mme BARNEK. Oui, monsieur... oui, mademoiselle.... moi, j'ai toujours été pour les principes.

CHARLOTTE. Vous voyez bien qu'elle radote... mais à son âge on n'a plus de mémoire.

Mme BARNEK, *furieuse.* Mademoiselle, vous oubliez qui je suis!

CHARLOTTE. C'est vrai, vous êtes à présent dans les baronnes.

Mme BARNEK. Et vous, dans les grandes coquettes, à ce que je vois.

LE PARTERRE. Silence dans la loge!

LE DUC. Mesdames, mesdames, je vous prie, ne parlez pas si haut, la pièce est commencée depuis long-temps.

(A ce moment, des bravos éclatent dans la salle.)

CHARLOTTE, *avec colère.* C'est la débutante!

(Le duc, Mme Barnek et Charlotte s'élancent pour regarder. Le duc baisse un store.)

LE DUC, *avec fureur.* Qu'ai-je vu?.. c'est Henriette!!

(Il relève le store.)

CHARLOTTE et Mme BARNEK. Henriette!

Mme BARNEK, *hors d'elle-même.* Une ambassadrice sur les planches!

FINAL.
ENSEMBLE.

LE DUC.
Henriette, que faut-il faire?
Quelle honte! quelle douleur!
Ah! la surprise et la colère
Ici se disputent mon cœur!

Mme BARNEK.
Henriette! que dois-je faire?

Quelle honte! quelle couleur!
Ma nièce, dont j'étais si fière,
Compromettre ainsi son bonheur!
CHARLOTTE.
Henriette! étrange mystère!
La femme d'un ambassadeur!
De son rôle elle était si fière,
Et prend le mien, c'est une horreur!
HENRIETTE, *sur le théâtre, chantant le motif de l'air du trio du second acte.*
C'est en vain que votre puissance
Veut me retenir en ces lieux.
« Vers les rives de la France
» Malgré moi se tournent mes yeux.
» Voguez, sultan joyeux,
» Vers les bords de la Seine.
» Là s'offrent à vos yeux
» Les délices des cieux;
» Et jour et nuit, c'est là
» Qu'amour vous sourira.
» Là, des jeux et des ris
» La troupe vous enchaîne,
» Car le vrai paradis
» Est à Paris. »
Buvons au sultan Misapouf,
Au descendant du grand Kouloufˌ
Il règne dans Maroc
Par droit de naissance.
Au combat aussi ferme qu'un roc,
Et des amours bravant le choc,
Il est l'aigle et le coq
Des rois de Maroc.
Versez les vins de France,
Versez champagne et médoc,
Buvons tous au sultan Misapouf!
Tra, la, la, etc.
On applaudit avec force au fond sur la fin de l'air

SCENE IV.

Les Mêmes, LA COMTESSE, *entrant.*

LA COMTESSE. Eh bien! monsieur le duc, j'ai tout vu... votre nom, votre rang applaudis sur la scène...
LE DUC. Ah! c'est indigne!... et quel talent!.. elle n'a jamais mieux chanté... Ils sont tous ravis, n'est-ce pas?... ils la trouvent charmante! ils l'adorent...
LA COMTESSE. Eh! qu'importe!...
LE DUC. Qu'importe?.. je suis furieux... et si elle était là...

SCENE V.

Les Mêmes, FORTUNATUS, *puis* HENRIETTE *et* BÉNÉDICT.

FORTUNATUS. La voilà... la voilà... mia cara diva... mia divinissima prima donna!
LE DUC, *saisissant Fortunatus au collet.* Malheureux! qu'as-tu fait?...
FORTUNATUS, *se débattant.* Permettez, monseigneur... elle voulait vous voir et vous parler dans l'entr'acte, et je vous l'amène.
(*Il montre Henriette, qui entre ramenée par Bénédict. Henriette est habillée en odalisque, et Bénédict est en uniforme d'officier.*)

LE DUC, *à Henriette.* C'est vous! Henriette?
HENRIETTE. Point de reproches, monseigneur; à ce prix, je vous épargne les miens!
LE DUC. Vous sur un théâtre!
HENRIETTE. N'est-ce pas à que vous m'avez aimée? pour conserver votre amour je n'aurais jamais dû le quitter peut-être. (*Montrant Charlotte*) Vous aimez les talens, vous aimez les succès...
LE DUC. Ah! je n'aime que vous! je vous aime plus que jamais, et pour vous encore je suis prêt à tout sacrifier.
HENRIETTE, *avec émotion.* Non, monseigneur...pour sa gloire et pour son bonheur la véritable artiste ne doit jamais cesser de l'être. Voici la lettre du roi qui permettait notre mariage... voici l'acte qui m'assure la moitié de votre fortune.
(*Elle les déchire.*)
LE DUC. Henriette, que faites-vous?
FINAL.
HENRIETTE.
Reprise de l'air des couplets du premier acte.
Aux beaux arts, à mes premiers succès
Fidèle à jamais,
La gloire, préférable aux amours,
Charmera mes jours;
Et, pour mieux rendre à mon cœur
Le repos et le bonheur,
Adieu vous dis, monseigneur,
Monseigneur l'ambassadeur!
CHARLOTTE. Encore prima donna.
Mme BARNEK, *à Charlotte.* Vous aviez pris sa place, elle a pris la vôtre!
BÉNÉDICT. Elle ne l'épouse pas du moins, il y a de l'espoir.
HENRIETTE, *à part.* Pauvre Bénédict!...
(*On frappe trois coups.*)
SUITE DU FINAL.
On frappe les trois coups!
FORTUNATUS, *baissant les stores du fond.*
C'est pour le second acte!
HENRIETTE.
On m'appelle, on m'attend, et je dois être exacte!
LE DUC.
Henriette...
HENRIETTE.
Non, laissez-moi!
LE DUC.
Écoutez, écoutez, de grâce!..
HENRIETTE.
Que chacun, monseigneur, reprenne ici sa place :
Moi sur la scène, et vous dans la loge du roi!
ENSEMBLE.
FORTUNATUS *et* BÉNÉDICT.
Venez, venez, l'on vous attend!
Ah! pour vous quel bonheur suprême!
Le public est impatient,
Venez, venez, l'on vous attend!
HENRIETTE.
Adieu, l'on m'appelle, on m'attend;
Mon amitié sera la même;
De moi vengez-vous noblement,
Vengez-vous en m'applaudissant!
Mme BARNEK.
Ah! quel dépit! ah! quel tourment

D'abdiquer la grandeur suprême!
Ah! quel dépit! ah! quel tourment
D'être bourgeoise comme avant!

LE DUC.

Ah! quels regrets! ah! quel tourment!
Hélas! plus que jamais je l'aime!
Et je la perds, cruel moment!
Quand je l'aimais si tendrement!

CHARLOTTE.

Ah! quel dépit! ah! quel tourment
De partager le diadème!
Ah! quel dépit! ah! quel tourment
De partager le premier rang!

LA COMTESSE.

Ah! je respire maintenant!
Ah! pour nous quel bonheur extrême!
Non, plus d'hymen, ah! c'est charmant!
Chacun enfin reprend son rang!

CHOEUR DU PUBLIC, *en dehors.*

Allons, commencez promptement!

BÉNÉDICT *et* FORTUNATUS, *entraînant Henriette*

Venez, venez, l'on vous attend!...

(Bénédict et Fortunatus entraînent Henriette, qui, de la main, fait un geste d'adieu au duc, qui veut la suivre, et que la comtesse retient; Mme Barnek est près de s'évanouir dans les bras de Charlotte qui rit. Le rideau baisse.)

Paris. — Imprimerie de DUBUISSON et C°, rue Coq Héron, 5.

www.ingramcontent.com/pod-product-compliance
Lightning Source LLC
Chambersburg PA
CBHW060627050426
42451CB00012B/2466